Jürgen Teumer

Spaziergänge in Worpswede

Fotos von Gabi Anna Müller

Carl Schünemann Verlag

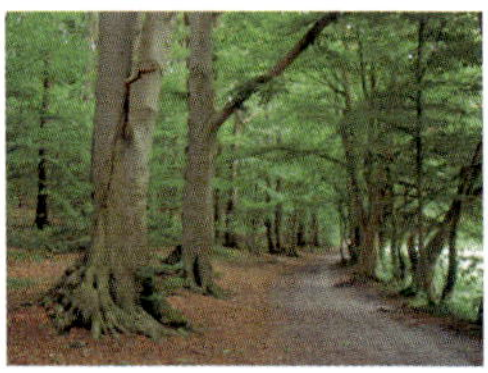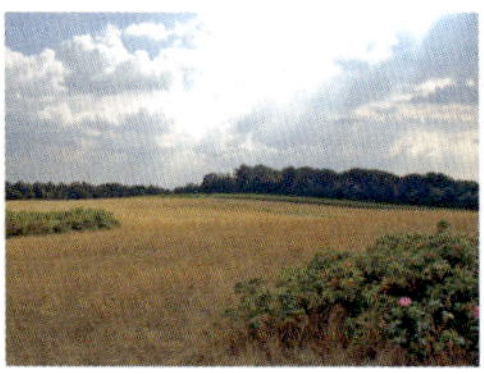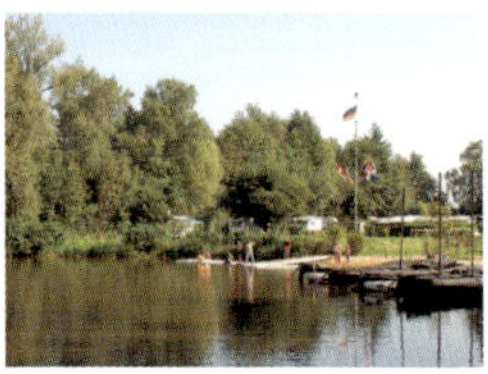

Inhalt

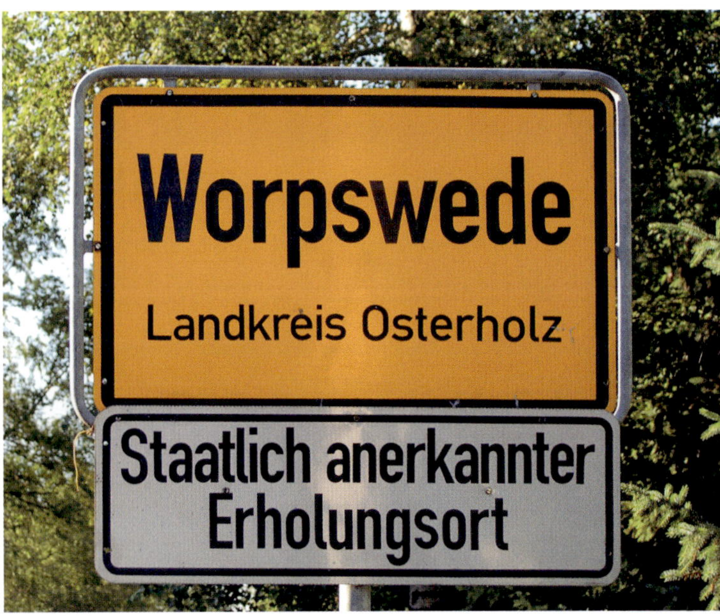
Worpswede
Landkreis Osterholz
Staatlich anerkannter
Erholungsort

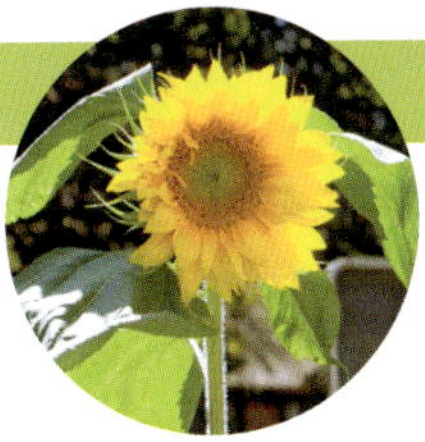

Liebe Worpswede-Besucher,

das vorliegende Buch ist eine Ergänzung, eine Alternative zu den im Ort angebotenen Führungen. Mit seiner Hilfe haben Sie die Möglichkeit, zeitlich flexibel und nach eigenen Wünschen Ihr Besuchs- und Besichtigungsprogramm zusammenzustellen. Hierfür werden Ihnen fünf abwechslungsreiche Spaziergänge in Worpswede sowie eine interessante Spazierfahrt (verbunden mit einem sechsten Spaziergang) an den Rand des Ortes vorgeschlagen.

Im Blickpunkt der sechs Kapitel stehen vor allem Bilder: aktuelle Fotografien, die die Landschaft und Wege, einzelne Gebäude, Straßenzüge oder Erinnerungsstätten im Wechsel der Jahreszeiten zeigen. Eingestreut sind manche Detailaufnahmen, die Beachtung verdienen, ebenso wie ältere Fotografien, die Rückblicke erlauben und längst Vergangenes in Erinnerung rufen. Selbstverständlich werden an einigen Stellen auch Einblicke in das Schaffen und die Werke der verschiedenen Künstlergenerationen in Worpswede gegeben.

Begleitet werden die Bilder durch Texte, die nicht nur das Abgebildete beschreiben, sondern darüber hinaus über geschichtliche Fakten und Zusammenhänge informieren.

In jedem Kapitel wird ein Hauptweg beschrieben. Seine Länge ist sehr moderat gehalten und übersteigt nie die Anforderungen eines gut zu bewältigenden Spazierganges. Zusätzlich wird immer ein Abstecher angeboten. Er kann von jenen wahrgenommen werden, die gut zu Fuß sind und sich diese zusätzliche Wegstrecke zutrauen. Die anderen können den Abstecher anhand der Bilder und Texte nachvollziehen.

Um Ihnen das Auffinden der Stationen zu erleichtern, ist jedem Kapitel ein Kartenausschnitt mit der Markierung des Weges einschließlich des Abstechers vorangestellt. Außerdem finden Sie Angaben über die Länge des Spaziergangs sowie über die Wegverhältnisse. Bezüglich der Öffnungszeiten der Museen oder Galerien ist es ratsam, die Internetseite www.worpswede-museen.de zu besuchen oder sich telefonisch bei der Gästeinformation unter 04792/935820 zu erkundigen.

Am Anfang des Buches werden Sie ein wenig über die Geschichte Worpswedes informiert. Einige Sachverhalte werden Sie später in Bild und Text ausführlicher wiederfinden.

So, nun genug der Vorrede! Lassen Sie sich mitnehmen in einen wunderschönen Ort, in dem man sich seit 2011 noch einmal mächtig ins Zeug gelegt und viele aufwendige bauliche Veränderungen vorgenommen hat. Vielleicht gilt jetzt ja umso mehr, was Carl Hauptmann, der Bruder Gerhart Hauptmanns, einmal geschrieben hat: »Wenn ich noch keine Heimath hätte, bliebe ich gewiss nirgend lieber als in Worpswede.« Und selbst, wenn Sie nicht gleich hier bleiben oder die vorgeschlagenen Wege allesamt gehen können, so werden Sie ersatzweise zu Spaziergängen im Geiste eingeladen.

Vielleicht können Sie dann am Ende Ihres Besuchs Paula Modersohn-Becker zustimmen, die begeistert feststellte: »Worpswede, Worpswede, Worpswede ... es ist ein Wunderland, ein Götterland.«

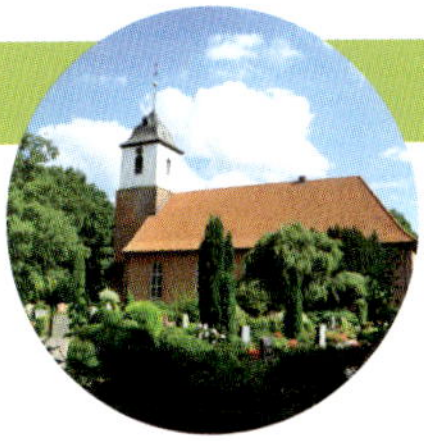

Der Ort und seine Geschichte

Um in die Geschichte Worpswedes hineinfinden zu können, muss man mindestens bis ins frühe Mittelalter zurückgehen, genauer in das Jahr 1218. Damals wird nämlich erstmals urkundlich erwähnt, dass dem Kloster im nahen Osterholz »die Hälfte des Zehnten« als Abgabe aus »Worpensweerde« zusteht. Es hat hier also zu jener Zeit eine Ansiedlung von Bauern gegeben. Gut möglich sogar, dass es bereits jene acht Hofstellen am Nordwesthang des Weyerberges waren, die heute noch fast vollzählig erhalten sind und mit ihren prächtigen Gebäuden die beiden Pflasterstraßen, die »Bauernreihe« und das »Straßentor«, säumen.

Wenige Fundstücke, unter anderem Steinwerkzeuge und Urnengräber, deuten jedoch darauf hin, dass erste, vielleicht nur vorübergehende Besiedlungen bereits um 1100 v. Chr. entstanden. Wahrscheinlich waren es Jäger und Fischer, die die Lage des Weyerberges als herausgehobene Geestinsel und die weiten Moore und Wasserflächen in seiner Nähe für ihre Zwecke nutzten.

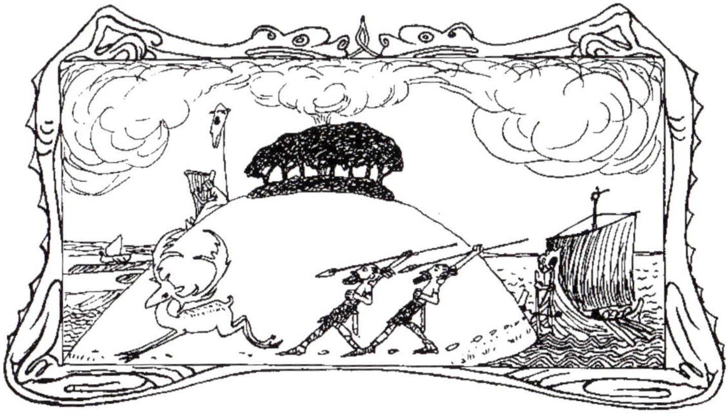

Heinrich Vogeler, Worpswede im Jahre 1

Dank seiner Abgeschiedenheit blieb Worpswede selbst in Kriegszeiten weitestgehend verschont. Eine Ausnahme bildete der Dreißigjährige Krieg (1618–1648). Die den Bauern auferlegten Zahlungen zwangen sie, die Eichen auf dem Berg zu fällen und das Holz zu verkaufen. Der bewaldete Hügel, denn das bedeutet der Ortsname (»worp« = Hügel, das Aufgeworfene; »wede« = Wald), wurde als Folge dieser Abholzung kahl. Weite Flächen waren nur noch mit Heide bedeckt. Erst Ende des 19. Jahrhunderts kam es zu größeren Aufforstungen, die den Ort sowie den Berg heute wieder sehr grün erscheinen lassen.

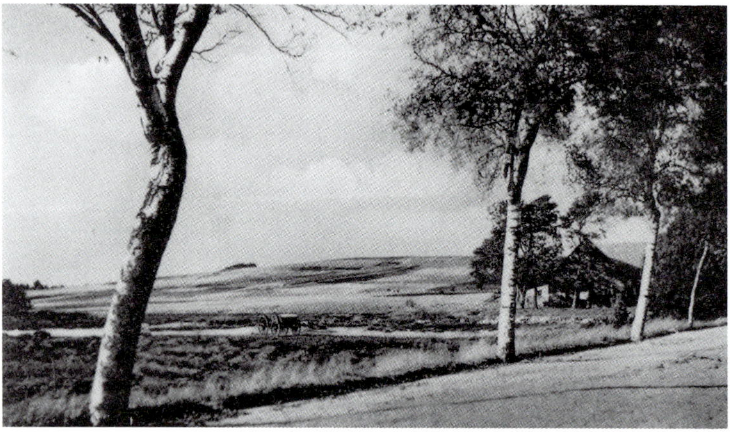

Der Weyerberg von Südosten, um 1900 noch ziemlich kahl

Nach dem Dreißigjährigen Krieg wäre Worpswede fast mit einer Sommerresidenz bzw. (wie es damals hieß) mit einem »Lustschloss« bedacht worden. Der Landgraf Friedrich von Hessen-Eschwege, ein Parteigänger der Schweden, erhielt nämlich als Entschädigung für Gebietsverluste in seinem Stammland von diesen einige Ländereien

Die Zionskirche von Süden ›

aus den aufgelösten Klöstern in Lilienthal und Osterholz, darunter Besitzungen in Worpswede. Auf einer Anhöhe des Weyerberges hatten sogar bauliche Aktivitäten begonnen. Da der Landgraf aber in einen weiteren Krieg zog und dabei zu Tode kam, blieb es seinerzeit beim Rohbau. Immerhin aber lieferte diese historische Episode den Stoff für manch schöne Anekdote, worüber Sie später mehr erfahren.

Vergleichsweise mehr Bewegung kam ab Mitte des 18. Jahrhunderts in die Geschichte Worpswedes. Der hannoversche Kurfürst, der als Georg II. zugleich englischer König war, ließ die ungenutzten Flächen des Teufelsmoors planmäßig kolonisieren und zahlreiche Dörfer gründen. Ein gewisser Jürgen Christian Findorff (1720–1792), der sich in der Moorkolonisation einen Namen machte, spielte dabei eine maßgebliche Rolle. Worpswede erhielt in diesem Zusammenhang eine Kirche, die 1757 bis 1759 erbaute Zionskirche, sowie eine Schule und damit eine zentrale Bedeutung für einige in der Nähe gelegene Ansiedlungen im Moor. Mancher Handwerker und Gewerbetreibende zog in der Folge in den Kirchort. Doch der große Aufschwung blieb aus. Dazu war die gesamte Region doch allzu abgelegen.

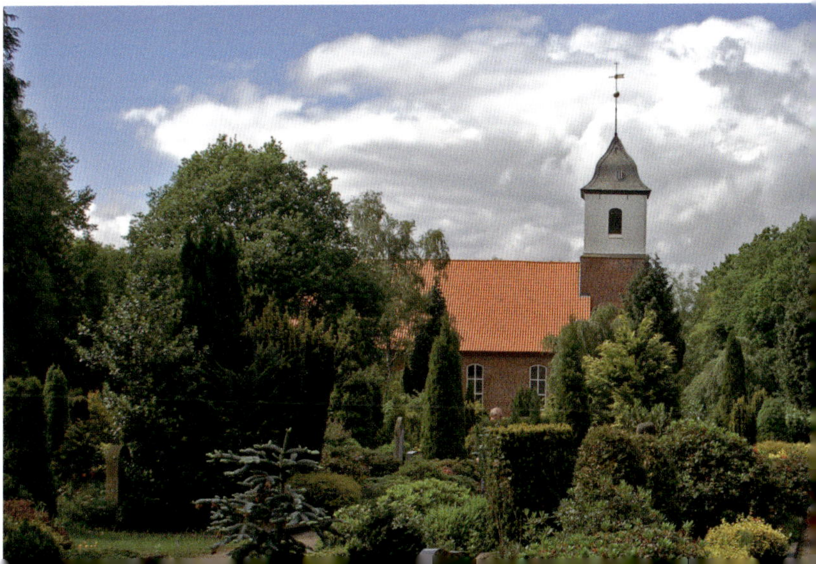

Der entscheidende Impuls für die Entwicklung des Dorfes kam erst im Jahre 1889. Eine Handvoll Maler um den Pionier Fritz Mackensen hatten sich entschlossen, der Ausbildung in den Akademien Lebewohl zu sagen und sich von Landschaft, Himmel, Wolken, Wasser und Licht sowie nicht zuletzt von den einfachen Menschen und ihrem Leben unmittelbar inspirieren zu lassen. Eine Künstlerkolonie wurde gegründet, die sich bald landesweit einen Namen machte und manch einen, darunter junge Malschülerinnen wie Paula Becker, dazu bewog, sich das abgelegene Dorf am Rande des Moores zur Heimat zu machen.

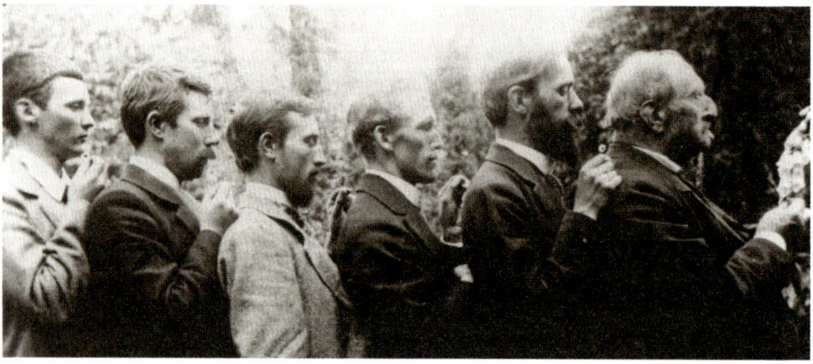

»Gänseblümchenparade« der Künstler, Sommer 1895

Die jungen und doch vergleichsweise unkonventionellen Leute wurden im Bauerndorf nicht gerade mit offenen Armen empfangen. Auch der mit dem Bau der Eisenbahn zwischen Osterholz und Bremervörde in den Jahren 1909 bis 1911 einsetzende Zustrom von Besuchern fand bei der einheimischen Bevölkerung nicht unbedingt eine freundliche Aufnahme. Dennoch bekam Worpswede allmählich ein anderes Gesicht: weltoffener, bunter, sogar ein bisschen schriller. Das »Weltdorf der Kunst« schmückte sich nicht nur mit vielen interessanten Menschen, es erhielt auch an einigen Stellen eine veränderte Architektur.

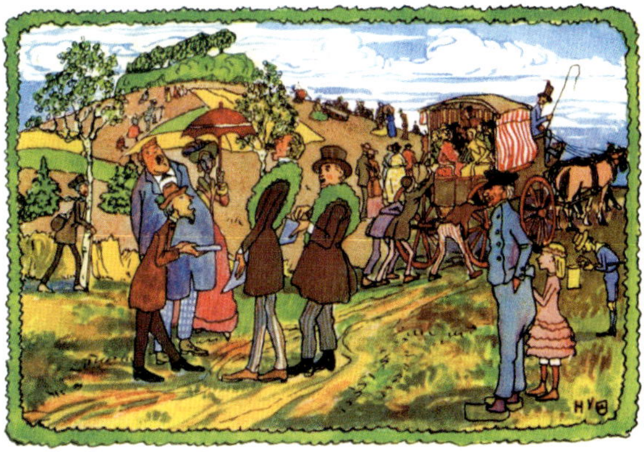

Heinrich Vogeler, Ein Sonntag am Weyerberg

Seit dieser Zeit ist die Entwicklung in Worpswede stets weitergegangen – aus dem Blickwinkel mancher Betrachter nicht nur zum Vorteil. Wie bereits erwähnt, sind in den letzten Jahren besonders aufwendige Maßnahmen im Ortskern durchgeführt worden. Im Mittelpunkt standen dabei die Umgestaltung der Bergstraße zur Flanier-, Kunst- und Kulturmeile sowie bauliche Veränderungen und Modernisierungen in vier Museen und dem Philine-Vogeler-Haus als zentrales Besucher- und Informationszentrum. Es war und ist stets eine schwierige Balance zwischen den Anforderungen des modernen Kulturtourismus und dem Bewahren des vorgefundenen Erbes.

Obwohl dadurch im Ortsbild mehr und mehr städtische Einflüsse zur Geltung kommen, hat das alte Bauerndorf trotz der etwa 5.300 Einwohner im Kernort seinen Charakter nicht verloren. Es mögen pro Jahr etwa 300.000 Menschen sein (erhofft werden natürlich noch mehr), die genau diese dörfliche Idylle und mit ihr das Unverwechselbare, das Flair des Künstlerortes suchen. Und trotz der Betriebsamkeit in Cafés, Gasthöfen und Restaurants, Geschäften und Boutiquen gibt es sie noch: die Ruhe und Beschaulichkeit in den Museen und Galerien, wo man die eindrucksvollen Werke der alten Worpsweder und der folgenden Künstlergenerationen in reicher Fülle betrachten kann. Und darüber hinaus existiert nach wie vor eine recht breit gefächerte, interessante Kunstszene mit etwa 150 Künstlern und Kunsthandwerkern, die es in vielen Ateliers abseits der Besucherströme zu entdecken lohnt.

Über alldem liegt noch immer der Zauber, der eigentlich jeden gefangen nimmt, der die Wege zwischen den Hecken im Dorf und unter den Bäumen der Alleen oder des Weyerberges nutzt oder den Blick in die Weite der Moor- und Geestlandschaft bzw. zum Himmel wendet. Es ist der Dreiklang zwischen Kunst, Landschaft und Lebensort, der das Besondere Worpswedes bestimmt.

Dieses Buch will in Wort und Bild diesem Zauber nachspüren.

Die Bauernreihe, die alte Dorfstraße Worpswedes ›

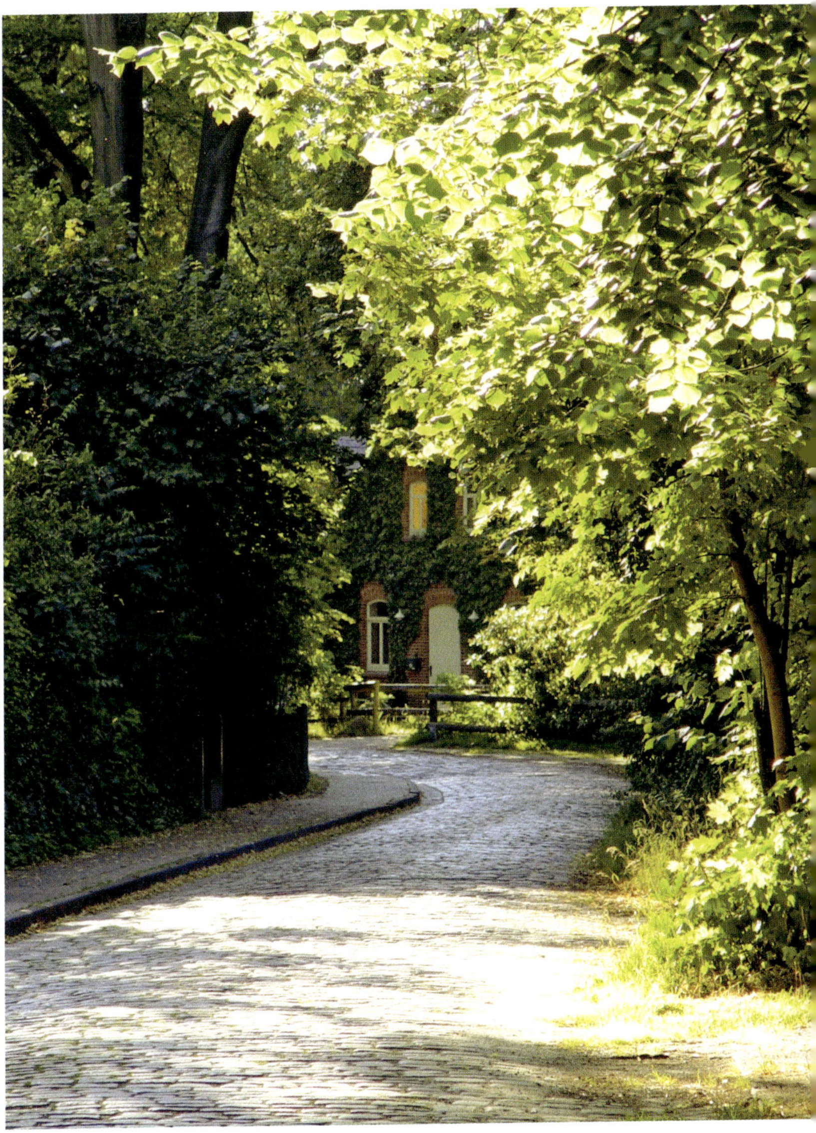

Spaziergang 1

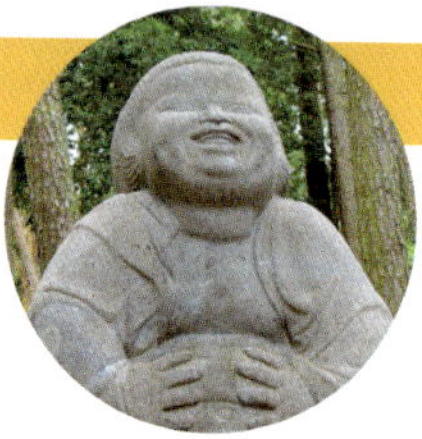

Stationen des Hauptweges:
Hoetger-Ensemble – Käseglocke – Barkenhoff
Stationen des Abstechers:
Diedrichshof – Atelier von Paula Modersohn-Becker

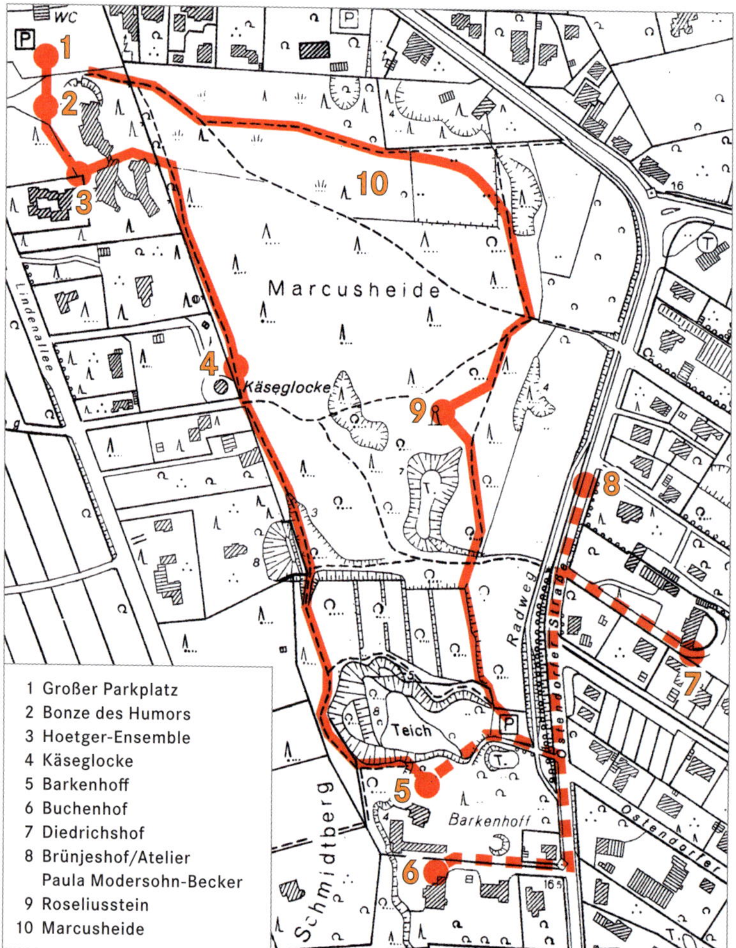

Länge des Hauptweges: etwa 1,8 Kilometer
Länge mit Abstecher: etwa 2,4 Kilometer
Der Spaziergang führt überwiegend über Waldwege. Da auch einige kleinere An- und Abstiege zu bewältigen sind, ist er für Gehbehinderte nur bedingt zu empfehlen. Diese Einschränkung gilt nicht für den Abstecher, der ausschließlich gut zu begehende Wege umfasst.

*Der **Spaziergang 1** beginnt – wie alle weiteren Spaziergänge – am 2012 neu gestalteten **großen Parkplatz (1)** bzw. am unmittelbar angrenzenden **neuen Dorfplatz** an der Bergstraße.*

*Und weil der Ausgangspunkt immer gleich bleiben wird, soll an dieser Stelle auf zwei Besonderheiten hingewiesen werden: Zum einen befindet sich hier eine nützliche Einrichtung, nämlich eine **öffentliche Toilette**. Da das Haus gebaut wurde, als in Worpswede ein Bürgermeister mit dem Vornamen Albert tätig war, trägt es unter Eingeweihten den Namen »Royal Albert Hall«.*

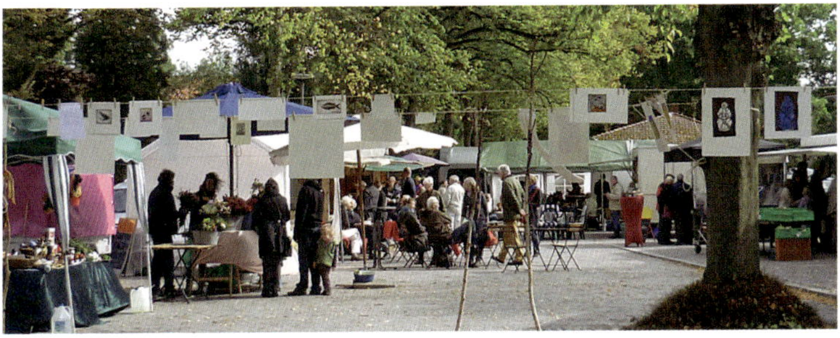

Der Dorfplatz mit Markt

Zum anderen findet hier jeden Samstag zwischen 9 und 14 Uhr ein Markt statt. Neben Schmackhaftem aus der Region und manch anderem, was Herz und Sinne erfreut, bietet diese Einrichtung vor allem einen Ort der Kommunikation.

*Von hier aus starten Sie den Spaziergang, indem Sie mit wenigen Schritten auf dem leicht ansteigenden Weg zwischen Bäumen zu einer einzigartigen Besonderheit Worpswedes gehen, dem **»Bonzen des Humors« (2)**.*

Könnte die Begrüßung eines Gastes freundlicher, fröhlicher ausfallen? Der **»Bonze des Humors«**, 1914 von dem Bildhauer, Architekten, Kunsthandwerker und Maler Bernhard Hoetger (1874–1949) geschaffen, hält sich seinen üppigen Bauch vor Lachen und strahlt über das ganze Gesicht. Die hier in Überlebensgröße hockende, an einen Buddha erinnernde Gestalt hat einmal im wahrsten Wortsinne ganz klein angefangen, nämlich als eine von 15 Majolika-Keramiken. Hoetger hatte, als er noch auf der Mathildenhöhe in Darmstadt tätig war, einen Zyklus von Gegensatzpaaren geschaffen. Mit ihnen wollte er die »Licht- und Schattenseiten« des Menschen darstellen, so zum Beispiel Güte, Glaube, Hoffnung auf der Licht- und Habgier, Wut oder Hass auf der Schattenseite. Der »Bonze« bildete die zentrale Figur der Lichtseite und heißt deshalb eigentlich »Licht«. Erst als Hoetger nach Worpswede gezogen war, ließ er sich diese Figur und als Gegenstück die »Wut« überlebensgroß aus Kunststein gießen und im Park seines ersten Wohnsitzes in Worpswede, dem »Brunnenhof« (heute: Diedrichshof; siehe den Abstecher zu diesem Spaziergang), aufstellen. Dort bekamen sie übrigens von den Worpswedern die Namen »Orang« und »Utan«. Und auch jetzt trennen sie nur wenige Schritte. Die »Wut« als Teil der Schattenseite steht rechts neben dem Treppenaufgang zur Großen Kunstschau.

*Wenn Sie den »Bonzen« verlassen, erreichen Sie oberhalb links schon nach wenigen Schritten die nächste Station, das **Kaffee Worpswede** als Teil des **Hoetger-Ensembles (3)**.*

Bonze des Humors, ein fröhlicher Geselle ›

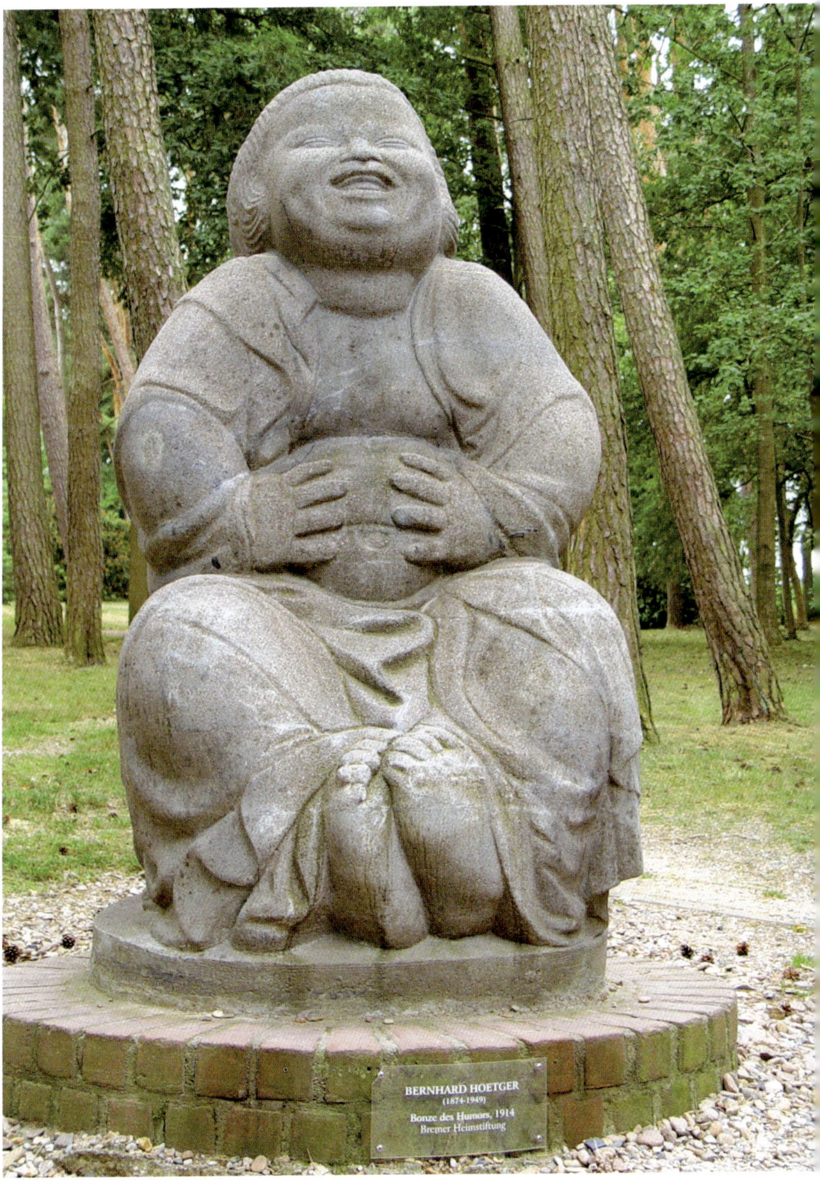
BERNHARD HOETGER
(1874-1949)
Bonze des Humors, 1914
Bremer Heimstiftung

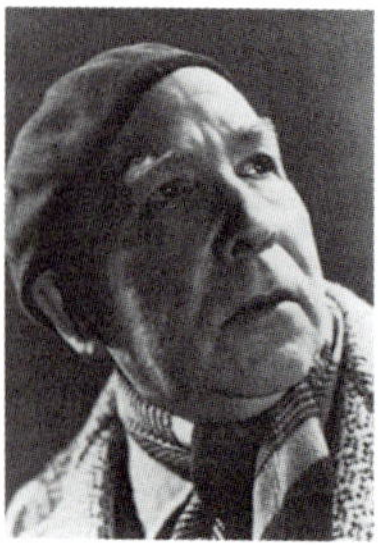

Bernhard Hoetger

An diesem Ort sind gleich mehrere Bauten des sogenannten **Hoetger-Ensembles** zu sehen, das in den 1920er-Jahren entstand. Der von Jugendstil und Expressionismus, von Heimatgedanken und fernöstlicher Gedankenwelt gleichermaßen beeinflusste Künstler und Baumeister Bernhard Hoetger schuf hier in kurzer Bauzeit drei miteinander verbundene Gebäude: 1925 das Kaffee Worpswede, 1926 das Logierhaus als Hotel (heute Geschäftsstelle der Kulturstiftung Landkreis Osterholz) und 1927 die Große Kunstschau. 1928 kam noch das für die Weberin Elisabeth Vatheuer erbaute Gebäude, heute als Philine-Vogeler-Haus das Besucher- und Informationszentrum Worpswedes, hinzu. Hoetgers Plan war, Architektur, Kunst und Handwerk miteinander zu verbinden. Sein Stil, die Bauten auf der Basis eines kleinen Gipsmodells zu erstellen und den Handwerkern bei ihrer Arbeit viel kreativen Raum zu gewähren, führte zwar zu einmaligen, allerdings nicht immer zu soliden und dauerhaften Ergebnissen. Davon zeugen auch die häufigen und sehr kostenträchtigen Sanierungen. Sie sollen – wie die aktuell beim Kaffee Worpswede durchgeführten – im Jahr 2024, dem Hoetger-Jahr, erfolgreich abgeschlossen werden.

Immerhin aber regen Hoetgers Bauten bis auf den heutigen Tag viele Diskussionen an. Besonders auffällig ist das **Kaffee Worpswede**. Es ist im sehr attraktiven Inneren höhlenartig und farblich interessant gestaltet sowie mit vielen sehenswerten, zum Teil skurrilen Details ausgestattet: spitz- und schiefwinklige, halbkugelige Gebilde an der Decke und in der Mitte eine mächtige Holzplastik, die »Weltenesche«. Im Äußeren bietet es eine Mischung aus einem norddeutschen Fachwerk-Bauernhaus und einem Haus aus der Südsee. Auffallend sind die fantasievollen Dachreiter, die gebogenen Balken, die verspielte Gestaltung der Fassaden, die Vor- und Rücksprünge der Mauern. Die

Worpsweder gaben diesem Bauwerk schon früh den Namen »Kaffee Verrückt«. Was der Bauherr Hoetger von derartigen Einschätzungen hielt, kann man an dem quer über dem Eingang verlaufenden Balken in plattdeutscher Mundart lesen: »Wer't mag, der mag't; un wer't nich mag, de mag't jo woll nich mögen«.

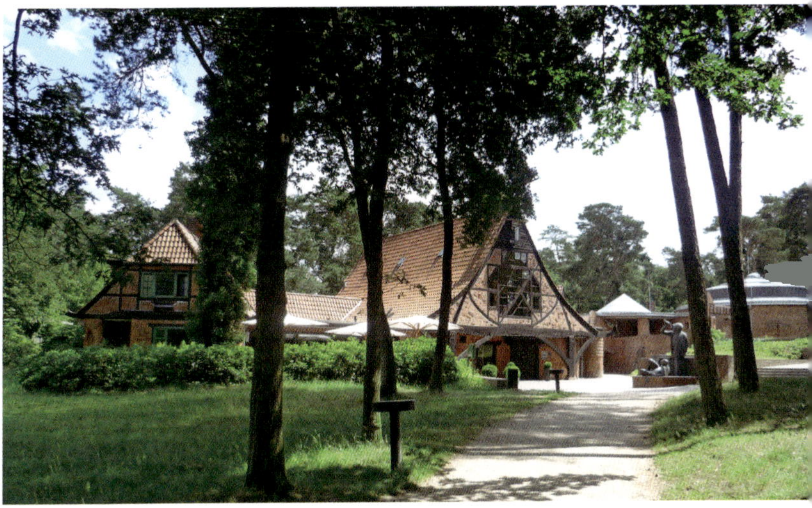

Das »Kaffee Verrückt« als Teil des Hoetger-Ensembles

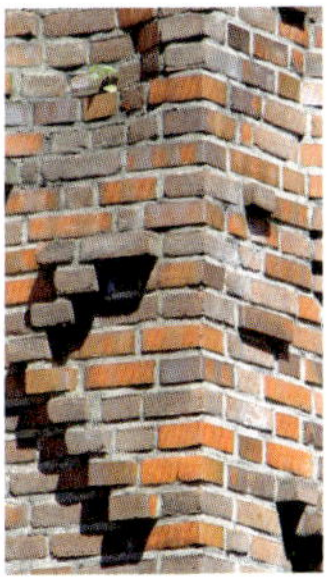

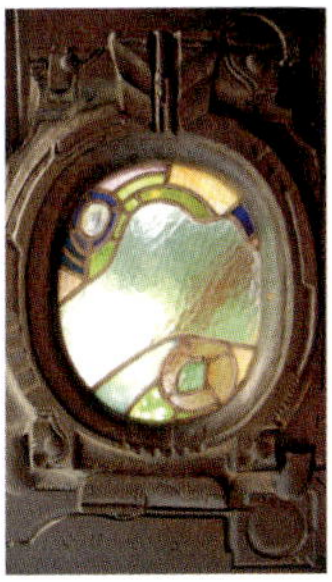

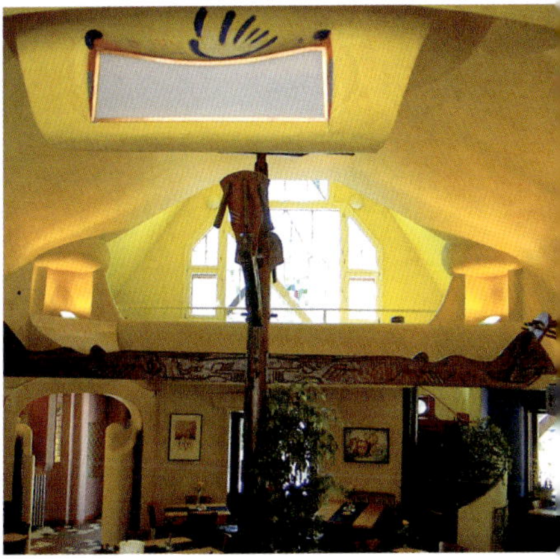

Details innen und außen

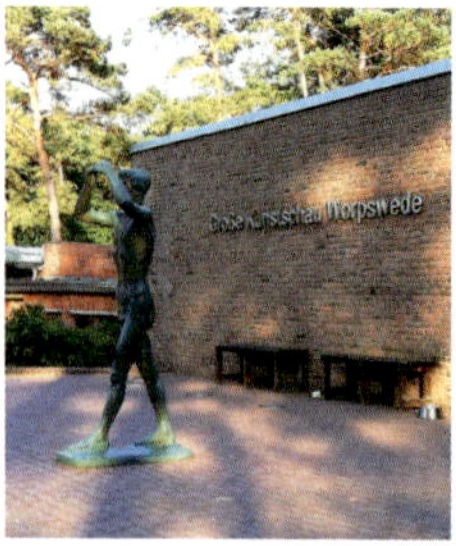

Schreitender Jüngling

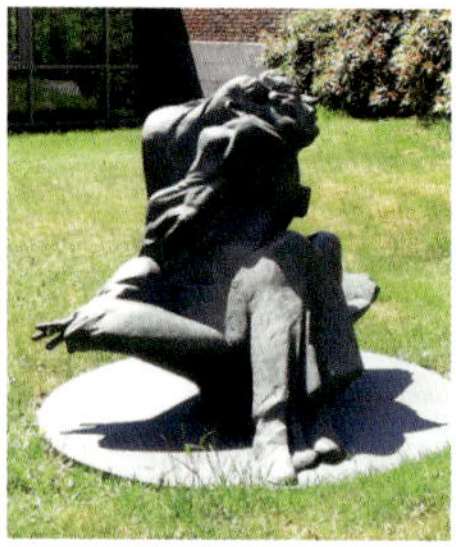

Mann im Sessel

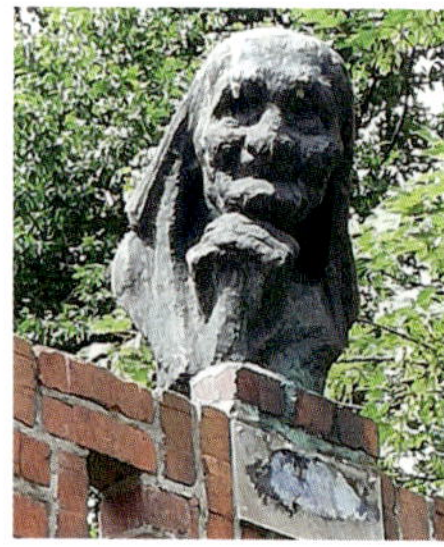

Moorfrau

Verteilt auf dem baumbestandenen Areal sowie in der Nähe der Gebäude des Hoetger-Ensembles stehen einige Kunstobjekte. Neben den schon erwähnten, dem »Bonzen des Humors« und der »Wut«, grüßt auf dem Plateau vor dem Eingang zur Großen Kunstschau Hoetgers Bronzefigur »Schreitender Jüngling« (1910). Hinter dem Kaffee Worpswede verschönert der »Darmstädter Torso« (1909), eine bezaubernde Frauengestalt, die Terrasse, und die hexenartige »Moorfrau« (1924) schaut dort seitlich über eine Mauerbrüstung auf die Gäste. Diese Plastiken Hoetgers bilden einen interessanten Kontrast zu den Werken anderer Künstler, die auf dem Gelände zu finden sind. Auf der Rasenfläche links neben dem Eingang ist der »Mann im Sessel« (1976) von Bernd Altenstein zu sehen (weitere Werke von ihm befinden sich bei den Künstlerateliers, zu denen der Abstecher von Spaziergang 2 führt). »Großes Kreuz« (1966) von Fritz Koenig steht direkt gegenüber der »Wut«. Von Hans-Adolf Pierre Schumann ist etwas unterhalb, am neu gestalteten Parkplatz, das Werk »Spielende Möwen« (1975) zu sehen. 2010 ist am Treppenaufgang zur Großen Kunstschau zudem der Bacchus-Brunnen hinzugekommen, ein Werk des international renommierten Worpsweder Bildhauers Waldemar Otto (1929–2020). In die zweistufige Brunnenanlage mit dem Weingott Bacchus und einer

Bacchus-Brunnen ›

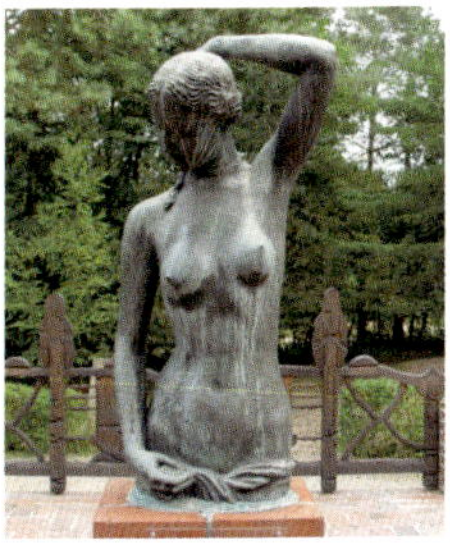

Darmstädter Torso

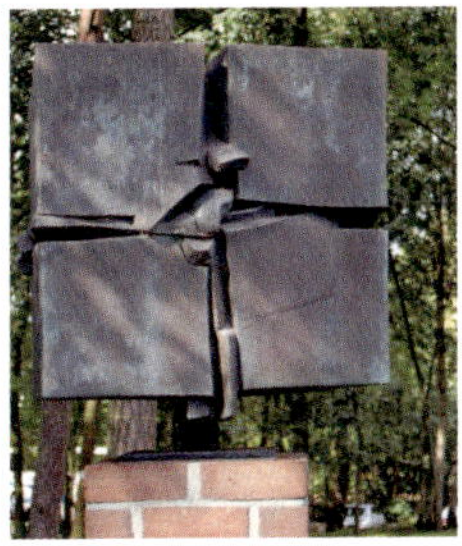

Großes Kreuz

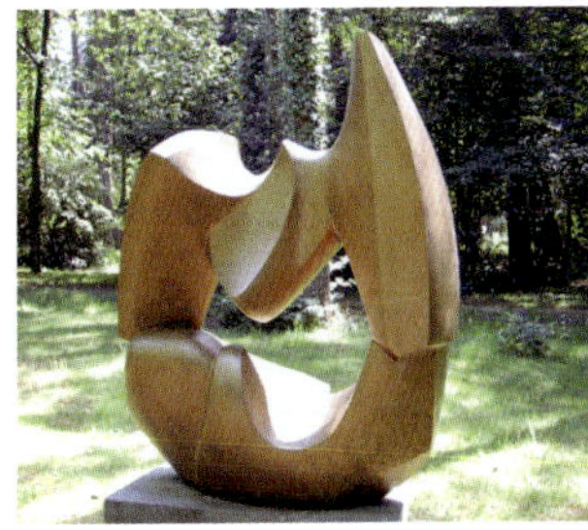

Spielende Möwen

liegenden Bacchantin sind über 600 Ziegelsteine eingefügt. Diese konnten ab 2004 von Kunstinteressierten und Worpswede-Freunden erworben und mit Namen oder einem Datum versehen werden. Die Platzierung der Steine wurde im September 2010 per Los festgelegt. Der Erlös aus dieser »Baustein-Aktion« floss in die Sanierung der Großen Kunstschau.

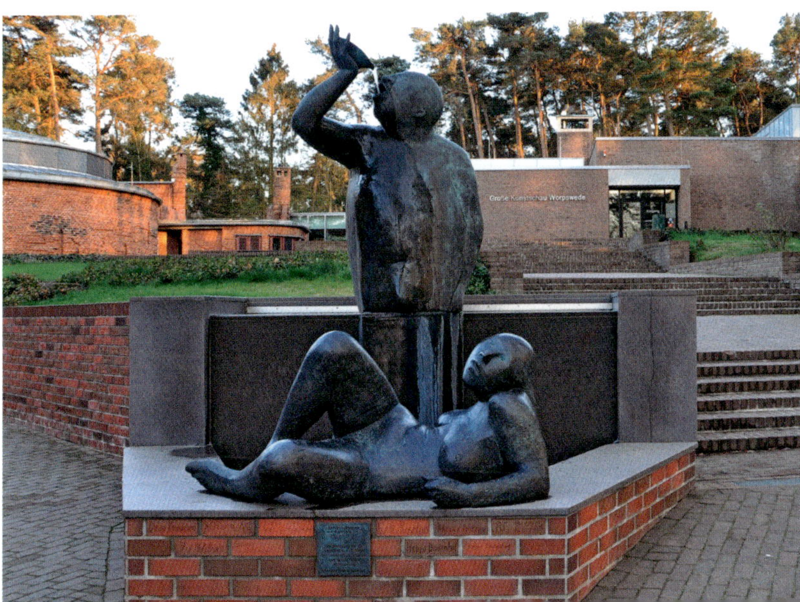

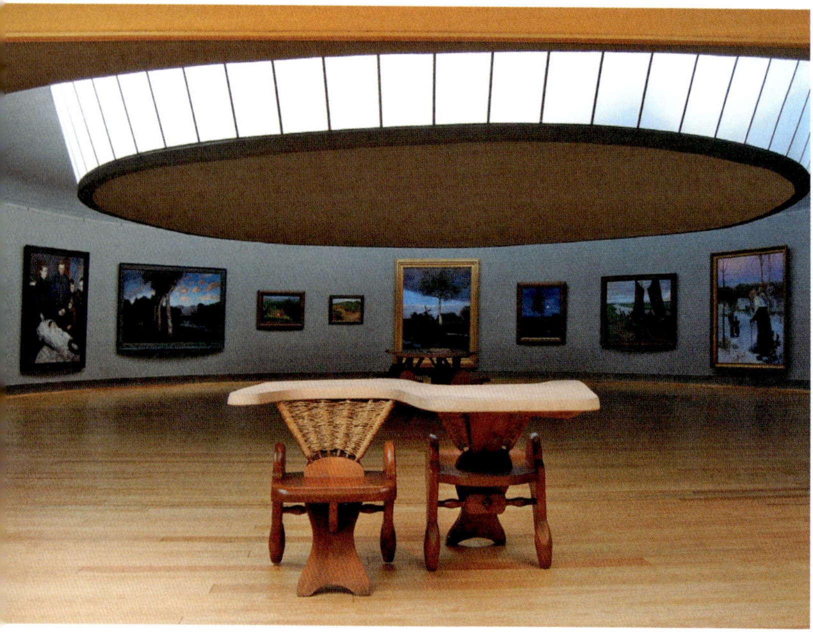

Die Rotunde in der Großen Kunstschau

Vielleicht wählen Sie nun zwischen zwei Möglichkeiten: Möchten Sie sich ein wenig erholen und sich für den weiteren Weg stärken, können Sie nach der hoffentlich bald erfolgten Sanierung und Wiedereröffnung das Kaffee Worpswede aufsuchen und sich dabei nicht nur von der interessanten Innenarchitektur, sondern auch von einem mit viel Lob versehenen Speiseangebot überzeugen. Sie können aber auch direkt in die oberhalb gelegene ***Große Kunstschau*** *gehen, die sich nunmehr seit 2011 in ihrer räumlich wesentlich erweiterten Form und mit hochwertiger Licht-, Klima- und Sicherheitstechnik ausgestattet präsentiert. In dem expressionistischen Hoetger-Bau mit seiner markanten Lichtkuppel und dem damit verbundenen neueren Bau rechts, dem früheren Roselius-Museum, das 1974 von dem bekannten Bremer*

Architekten Gerhard Müller-Menckens (1917–2007) geschaffen wurde, können Sie jetzt auf mehr als 800 Quadratmetern Ausstellungsfläche die Werke der alten Worpsweder sowie arrivierter moderner Künstler bewundern.

An dieser Stelle sei darauf hingewiesen, dass mit der baulichen Aufwertung der vier wichtigen Museen – Große Kunstschau, Worpsweder Kunsthalle, Barkenhoff/Heinrich-Vogeler-Museum und Haus im Schluh/Heinrich-Vogeler-Sammlung – zugleich ein Museumsverbund dieser Häuser entstanden ist, der inhaltlich zu gemeinsam entwickelten Ausstellungsprogrammen geführt hat. Für die Besucher ist damit der Vorteil einer Worpsweder Museums-Karte verbunden, die den einmaligen Besuch der vier Museen mit nur einem Ticket zu vergünstigten Konditionen ermöglicht. Das Ticket ist ein Jahr lang gültig und übertragbar.

Entweder im Kaffee Worpswede gestärkt oder durch einen Museumsbesuch mit neuen Eindrücken versehen, wenden Sie sich vom Vorplatz des Kaffees in Richtung des Durchgangs. Dahinter begeben Sie sich nach rechts auf einen Waldweg, den Bernhard-Hoetger-Weg. An begrünten Zäunen und Mauern entlang erreichen Sie nach gut 200 Metern rechts eine ganz besondere architektonische Kuriosität Worpswedes, die ***Käseglocke (4)****.*

Dieses eigenartige Rundhaus, das wegen seiner ungewöhnlichen Form von den Worpswedern den Namen **Käseglocke** erhielt, entstand 1926. Seine Konstruktion geht auf einen Entwurf des berühmten Berliner Architekten Bruno Taut (1880–1938) zurück, der 1921 entsprechende Pläne in einer Architekturzeitschrift veröffentlicht hatte. Der Bauherr der Käseglocke, der erste Gästeführer Worpswedes, Edwin Koenemann (1883–1960), hat die geistige Urheberschaft allerdings stets verschwiegen.

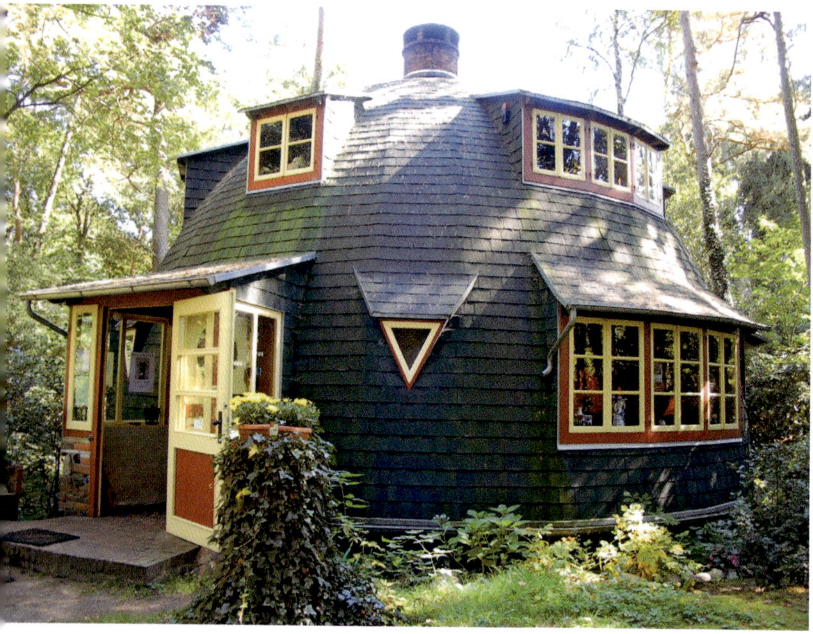

Die Käseglocke

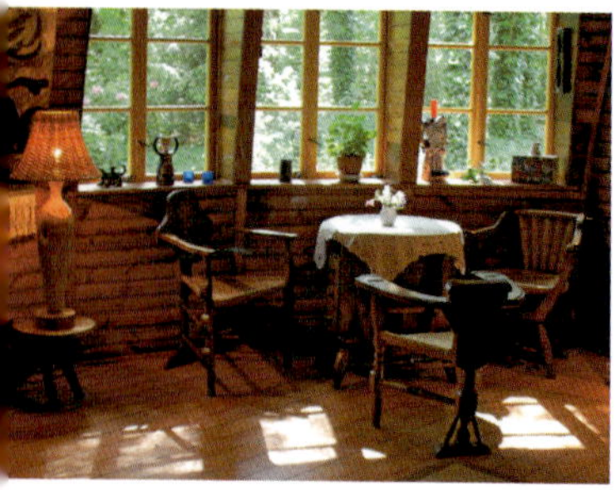

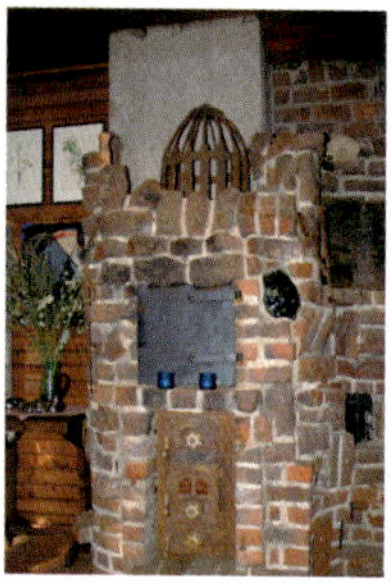

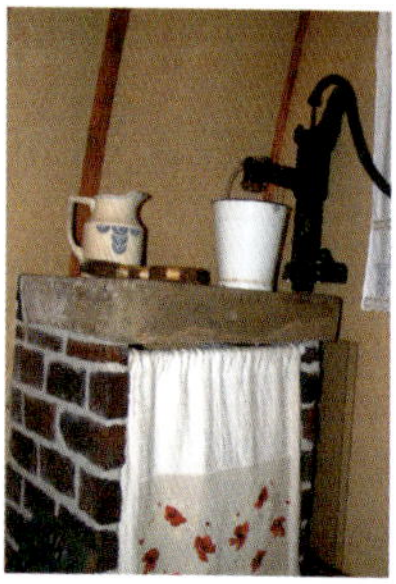

Einblicke in das eigenwillige Innere

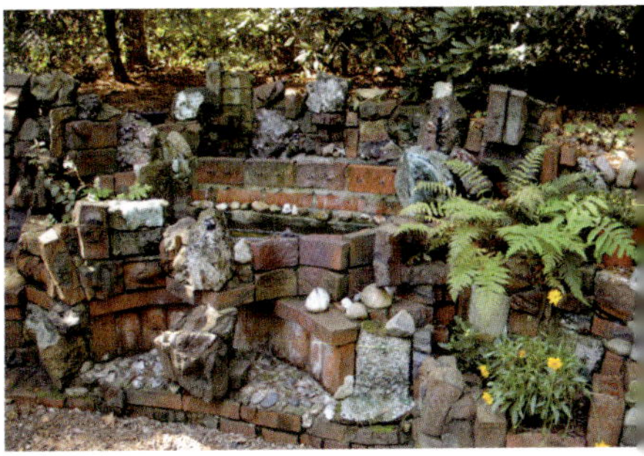

Ansicht der verspielten Hofanlage

Der auf einem Betonfundament ruhende Bau ist ganz aus Holz. Er weist im Erdgeschoss einen Durchmesser von 10 Metern und eine Gesamthöhe von 6,5 Metern auf. Um eine zentrale Feuerstelle herum gruppieren sich auf zwei Etagen und 132 Quadratmetern wie Tortenstücke zwölf Räume. Insgesamt kann man sich der anheimelnden Atmosphäre des heutzutage mit Worpsweder Kunsthandwerk sowie mit Vogeler- und Hoetger-Möbeln reich ausgestatteten Baudenkmals kaum entziehen.

Im Inneren sollte man in der Küche die aus einer Regenwasserzisterne gespeiste Schwengelpumpe genauso beachten wie einen in die Rundung eingepassten Schrank, den der Besitzer scherzhaft als »Verschiebebahnhof« bezeichnete. Im ehemaligen Wohnzimmer fällt besonders der von dem Bildhauer Karl Piening entworfene Ofen ins Auge, von Edwin Koenemann selbst als »Eisenbahnunglück« tituliert. Dieser Ofen erinnert wie die gemauerte Hofanlage und deren Einbauten (»Blinddarm« und »Gralsburg«) an die expressionistische Architektur Hoetgers, die ja zeitgleich und in unmittelbarer Nähe entstand. Aber anders als dieser hat Koenemann neben dem üblichen Klinker auch verformte Fehlbrände, sogar Kieselsteine, Keramik-Bruchstücke und Schmelzglasbrocken, allesamt Abfälle aus den Ziegeleien bzw. Glashütten der Umgebung, in seine recht eigenwillige und skurrile Gestaltung einfügen lassen.

Die »Freunde Worpswedes e. V.« haben viel Engagement aufgebracht, seit sie im Jahre 1994 die Käseglocke erwarben, um sie in der Folgezeit mit großem finanziellen Aufwand restaurieren und seit 2001 der Öffentlichkeit als Museum zugänglich machen zu können.

Gehen Sie von der Käseglocke aus auf dem vorher eingeschlagenen Weg etwa 400 Meter weiter. Sie durchlaufen dabei eine Senke und biegen – oberhalb eines kleinen, mit Entengrütze bedeckten Teiches – schließlich nach links ab. Nach einem recht steilen Abstieg über einige Treppenstufen kommen Sie zum nächsten Ziel, dem ***Barkenhoff (5)****.*

Selten war ein Haus so sehr Spiegel seines Besitzers wie der **Barkenhoff**. Der vielseitige Künstler Heinrich Vogeler (1872–1942) kam 1894 nach Worpswede und erwarb 1895 das Anwesen mit einem einfachen kleinen Bauernhaus. In wenigen Jahren verwandelte er das armselige Haus durch zahlreiche An- und Umbauten in eine recht mondäne Villa, das dazugehörige Land in eine idyllische Garten- und Parklandschaft. Der von Vogeler zur Straße hin angelegte Birkenhain gab dem Haus seinen Namen: Birkenhof, niederdeutsch Barkenhoff.

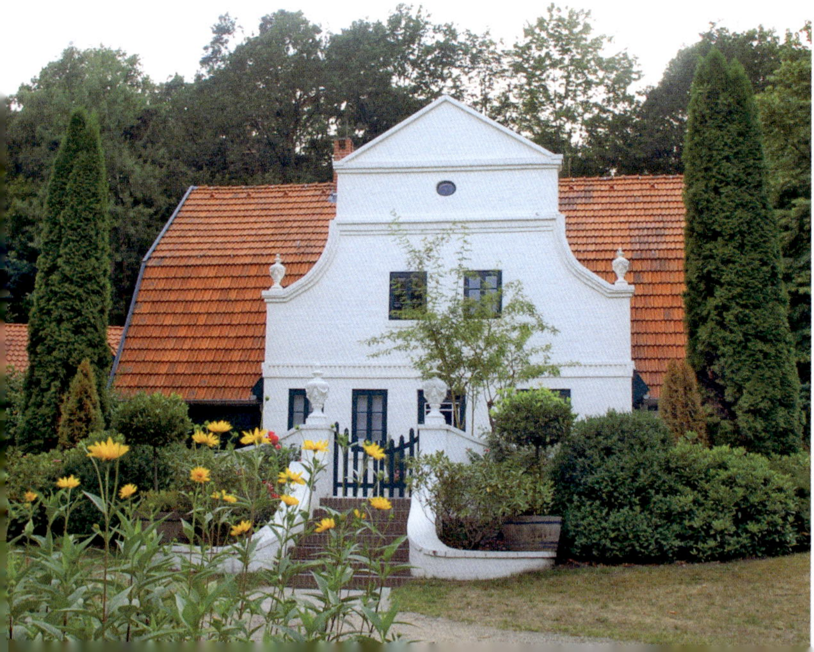

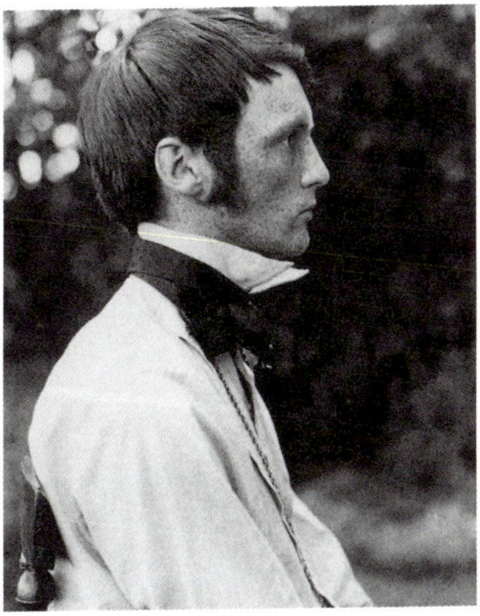

Heinrich Vogeler um 1898

Schon bald wurde der Barkenhoff zum Musenhof. Nicht nur die Worpsweder Künstler, auch zahlreiche bedeutende Schriftsteller, allen voran Rainer Maria Rilke, mit dem Vogeler seit ihrer ersten Begegnung 1898 in Florenz freundschaftlich verbunden war, Musiker, Theaterleute und nicht zuletzt Maler von außerhalb gaben sich hier ein Stelldichein. »Leben ist Kunst – Kunst ist Leben«, wurde für Vogeler zur Maxime. Eine Lehrerstochter aus dem Dorf, Martha Schröder, zunächst Freundin, ab 1901 Heinrich Vogelers Ehefrau, wurde zur Märchenfee, Muse und zum ständigen Objekt seiner Radierungen und Gemälde, in denen er Märchen- und Traumwelten mit der Wirklichkeit verwob.

Doch die Idylle bekam Risse. Künstlerfreundschaften zerbrachen, der Jugendstilkünstler Vogeler verlor an Bedeutung, die Ehe geriet in eine Krise. Vogelers Teilnahme am Ersten Weltkrieg führte bei ihm zu tief greifenden neuen Einsichten, die letztlich in soziale Experimente mündeten. Der Barkenhoff wurde Kommune, später Arbeitsschule, in der Ansätze neuer Lebens- und Erziehungsformen von Erwachsenen und Kindern erprobt werden sollten. Das Gelände und auch das Haus wurden völlig umgestaltet. Nach dem Scheitern des Experiments beherbergte das Haus ein Kinderheim der »Roten Hilfe«.

‹ Ein besonderer Blickfang: der Barkenhoff

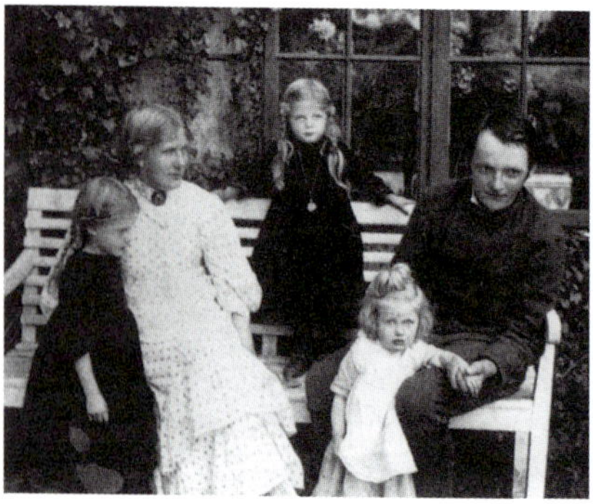

Die Familie Vogeler in glücklichen Tagen, 1907

Martha Vogeler (1879–1961) ging diesen Weg nicht mit. Zusammen mit den drei Töchtern Mieke, Bettina und Mascha verließ sie 1920 den Barkenhoff und baute sich im Schluh eine neue Existenz auf. Heinrich Vogeler ging in die Sowjetunion und dort eine neue Ehe ein, aus der sein Sohn Jan Jürgen stammte, der in hohem Alter aus Moskau nach Worpswede zog und hier im Jahre 2005 verstarb. Ab 1933 erfuhr der Barkenhoff zahlreiche Besitzerwechsel, verbunden mit unterschiedlichen Nutzungen. Am Ende hätte nicht viel gefehlt und sein allmählicher Verfall hätte zum Abriss geführt. Glücklicherweise konnte er 1981 nach einer ersten sowie 2004 nach einer weitergehenden Sanierung als Ort des Andenkens an den nicht nur für Worpswede so bedeutenden Künstler Heinrich Vogeler erhalten werden.

Der neue Barkenhoff bietet einen repräsentativen Querschnitt durch das Werk Vogelers als Maler und Grafiker, Kunsthandwerker und Designer, Buchkünstler und Illustrator, Sozialreformer und politischer Aktivist. Die Exponate erweitern den Blick auf den Jugendstilkünstler um dessen in der damaligen Sowjetunion entstandenes Spätwerk. So werden unter anderem die sogenannten Komplexbilder gezeigt.

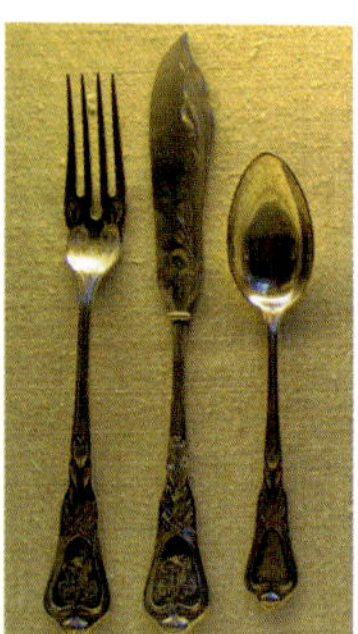

‹ Von Heinrich Vogeler entworfenes Besteck

Die ehemalige Remise des Barkenhoffs ›

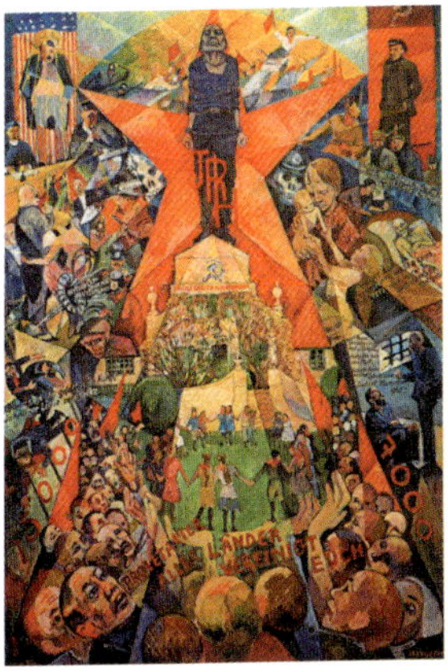

‹ Heinrich Vogeler, Internationale Rote Hilfe und Dawes-Deutschland, Komplexbild 1924 – im Zentrum der Barkenhoff.

Im Zuge der 2011 und 2012 durchgeführten aufwendigen Sanierungs- und Umbaumaßnahmen in den Worpsweder Museen wurden auch im Barkenhoff weitere Veränderungen vorgenommen. Betroffen waren vor allem die seitlich stehenden Gebäudeteile, die ehemalige Remise und das Waschhaus. Dieser über viele Jahre von Künstler-Stipendiaten aus aller Welt genutzte Trakt ist nunmehr – nach der heftig kritisierten Einstellung der Stipendiatenförderung durch das Land Niedersachsen – durch einen gläsernen Gang mit dem Haupthaus verbunden. Er bietet neben einem neuen Eingangsbereich und einem kleinen Café (im Sommer außen) Raum für attraktive Sonderausstellungen sowie für das Archiv. Mit einigem Aufwand ist auch die Umgestaltung des Barkenhoff-Gartens nach historischem Vorbild erfolgt. Das herrliche 1,8 Hektar große Park-Ensemble ist zu alter Schönheit zurückgeführt worden.

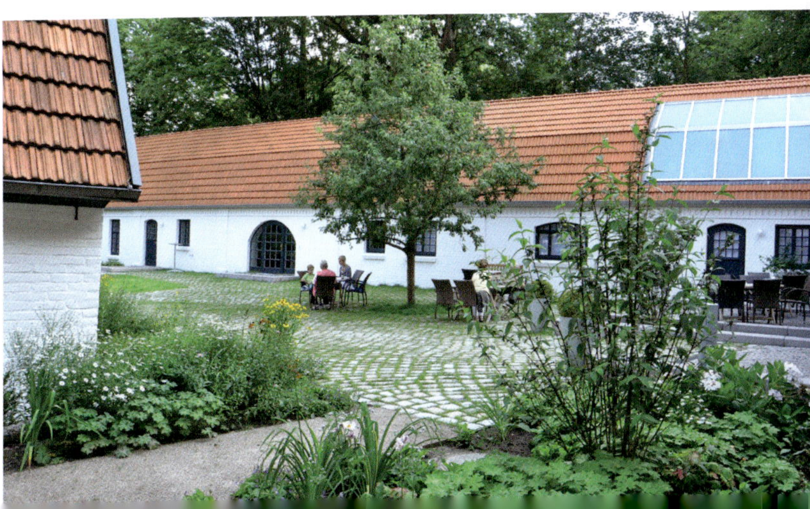

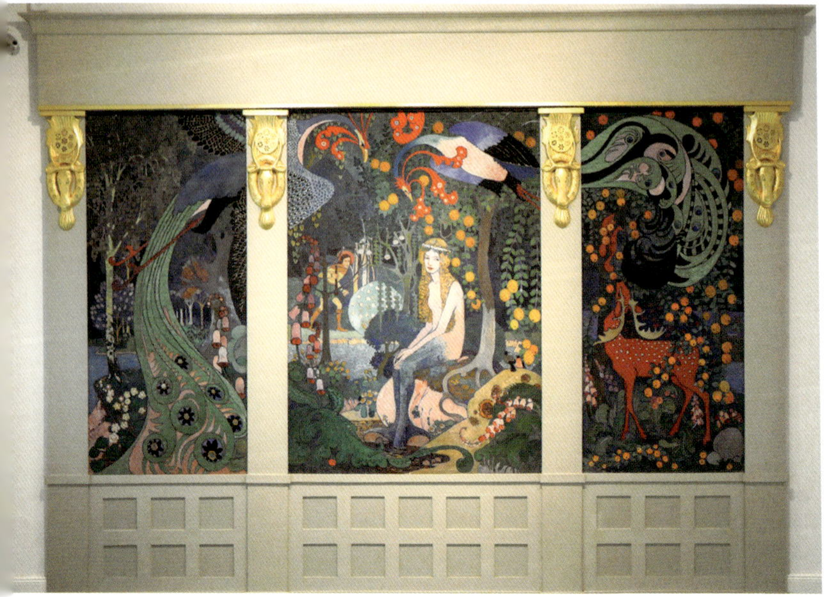

Heinrich Vogeler, Melusine, Triptychon 1912

*Der vorgeschlagene **Abstecher** (siehe die gestrichelte Markierung auf dem Kartenausschnitt) führt Sie vom Barkenhoff aus zunächst in die unmittelbare Nachbarschaft, zum **Buchenhof (6)**.*

Der **Buchenhof**, heute ein Hotel garni mit dem Café Hans am Ende, war einmal ein stattliches Wohnhaus mit Atelier, das sich einer der ersten Künstler in Worpswede, Hans am Ende, 1898 in unmittelbarer Nachbarschaft zu seinem Malerkollegen Heinrich Vogeler bauen ließ. Hans am Ende (1864–1918), eng befreundet mit dem Gründer der Künstlerkolonie Fritz Mackensen, lebte bereits seit 1889

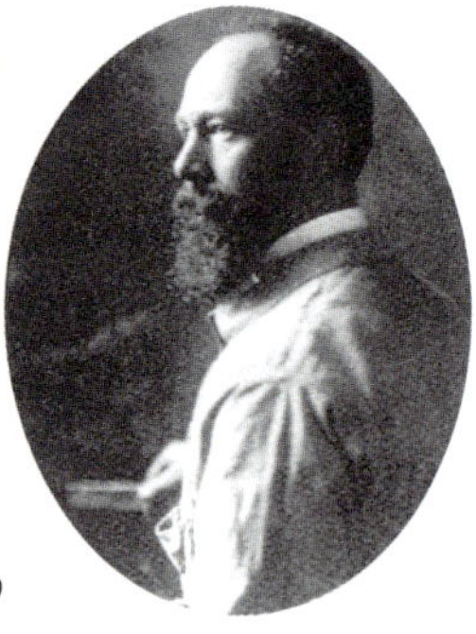

Hans am Ende

in Worpswede. Er trat vor allem mit seinen ausdrucksstarken Radierungen hervor, einer grafischen Technik, die er auch seinen Künstlerkollegen nahebrachte. Manche dieser Werke, auch Gemälde, sind in den Räumen des Hotels noch heute zu sehen.

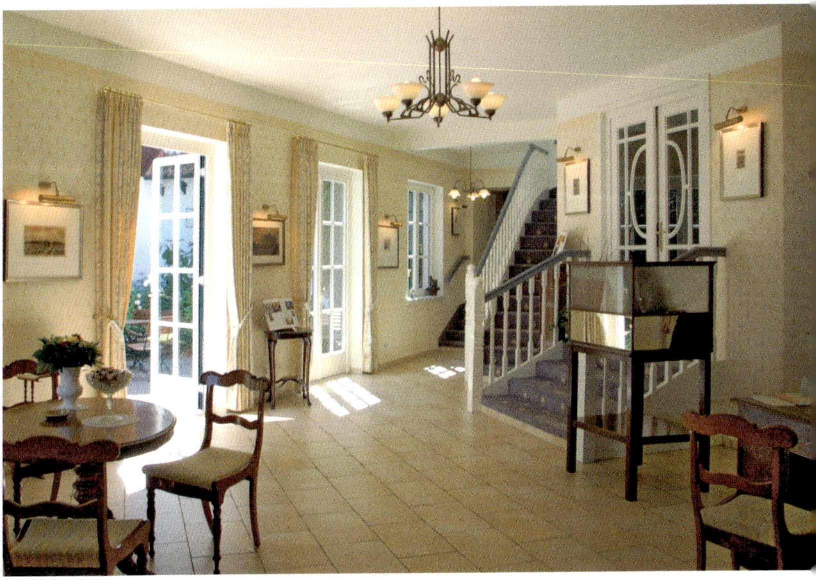

Die Empfangshalle im Buchenhof

Auf der anderen Seite der unterhalb von Barkenhoff und Buchenhof vorbeiführenden Ostendorfer Straße liegt der nächste Besichtigungsort, der ***Diedrichshof (7)****. Sie erreichen ihn, wenn Sie den Rad- und Fußweg am Waldrand in Richtung Ortsmitte, also nach links gehen, bis Sie gegenüber ein größeres weißes Hoftor sehen.*

Bernhard Hoetger erwarb hier 1914 ein altes norddeutsches Bauernhaus. Er baute es aufwendig um, indem er ihm einen imposanten Querbau mit zwei mächtigen seitlichen Türmen anfügte und das Innere in eine pompöse Jugendstilvilla verwandelte, die den Namen **Brunnenhof** trug. Das etwa einen Kilometer tiefe und 45 Meter breite Anwesen ließ er nach dem Vorbild des Platanenhains auf der Darmstädter Mathildenhöhe zu einem Park mit Skulpturengarten umgestalten. An Pfingsten 1923 fiel das Haus, das Hoetger 1921 veräußert hatte, einem mysteriösen Brand zum Opfer und eine recht wechselvolle Geschichte begann. Heute ist das Areal unter dem Namen Diedrichshof im Besitz der Bremer Heimstiftung, Bremens größtem Altenhilfeträger. Betrieben wird der Diedrichshof seit 2020 von der Stiftung Maribondo da Floresta, die daneben in Worpswede noch inklusive Projekte mit Arbeitsplätzen für schwerbehinderte Menschen eingerichtet hat.

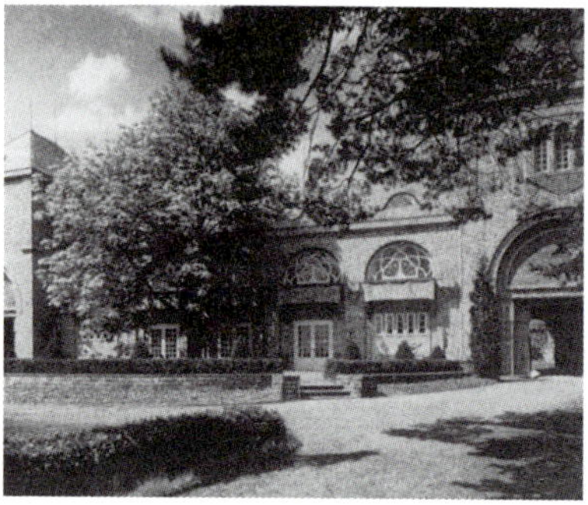

Der Brunnenhof, das ehemalige Privathaus Hoetgers

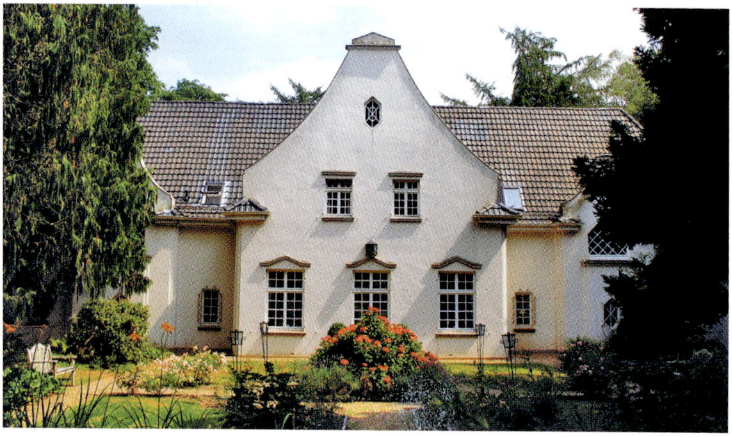

Der heutige Diedrichshof

Seit 2005 ist der rekonstruierte Park begrenzt für die Öffentlichkeit zugänglich. In seiner Mitte steht der Löwenbrunnen, Teil eines verzweigten Entwässerungssystems, dem das Anwesen seinen früheren Namen Brunnenhof verdankt. Die vier Löwen an den Brunnenecken waren ursprünglich als Sockel für das von Hoetger errichtete Grabdenkmal von Paula Modersohn-Becker auf dem Worpsweder Friedhof vorgesehen, wurden von Hoetger aber schließlich zweckentfremdet.

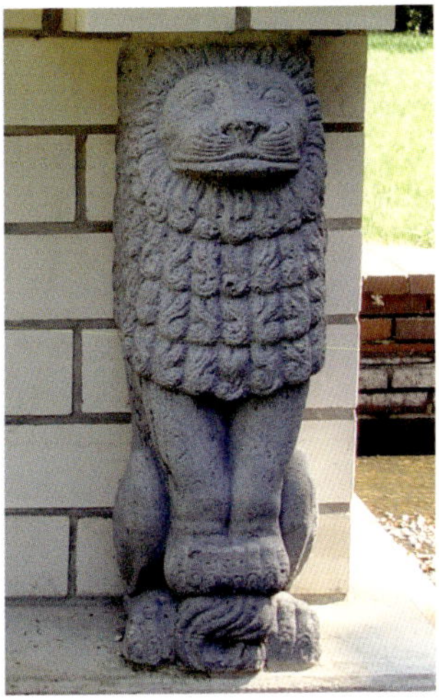

Detail des Brunnens

Im hinteren Teil des Skulpturengartens befinden sich außerdem die Kopien der im Hoetger-Ensemble stehenden Plastiken »Wut« und »Bonze des Humors« sowie Hoetgers »Rache«.

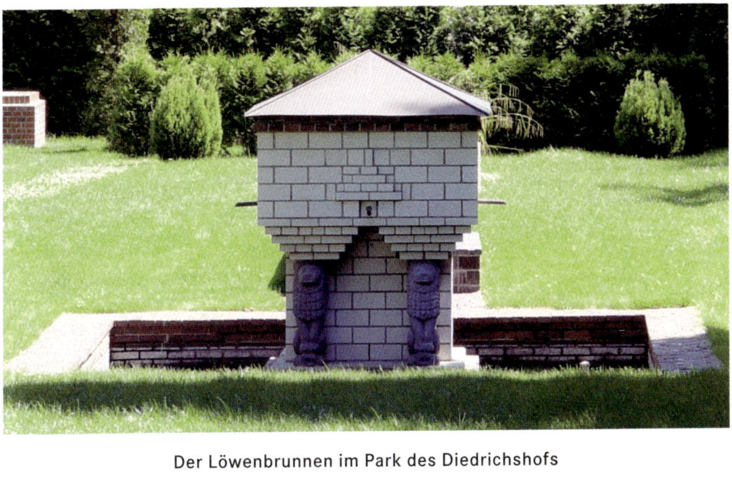

Der Löwenbrunnen im Park des Diedrichshofs

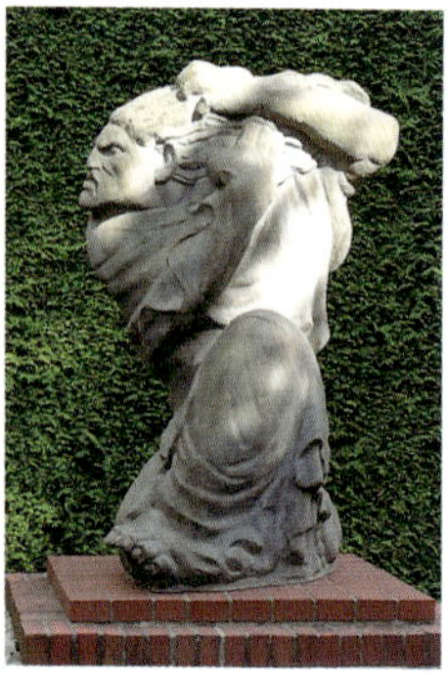

Bernhard Hoetger, Wut

Erwähnenswert ist auch, dass sich Hoetger 1921 am Südhang des Weyerberges ein neues Haus baute, den Hoetger-Hof. Es ist - wie könnte es bei Hoetger anders sein - kein normales Haus, eher ein begeh- und bewohnbares Kunstwerk in der für ihn typischen expressionistischen Backsteinarchitektur. Unter dem Namen »Das Kreative Haus« im Hoetger-Hof ist es heute ein Seminar- und Veranstaltungshaus.

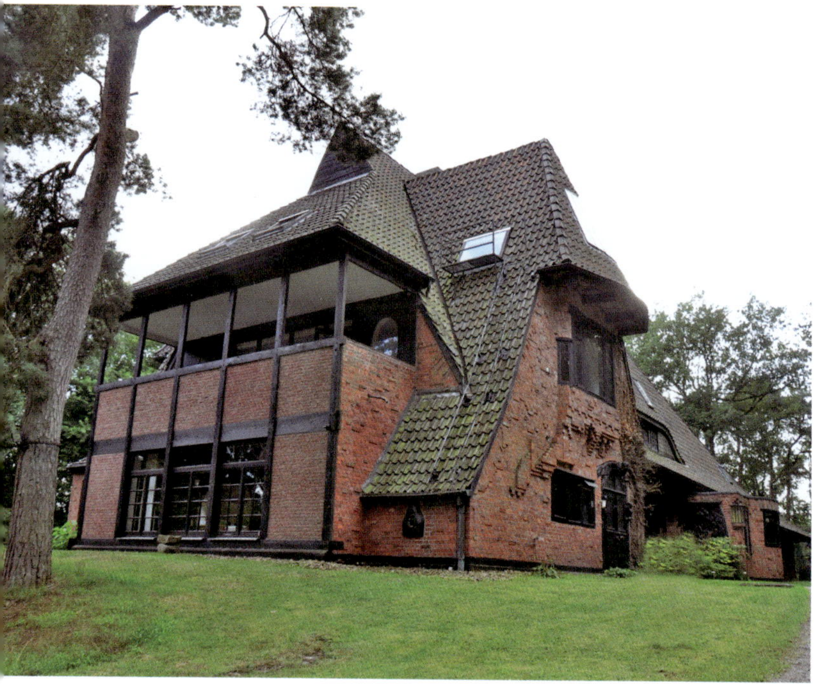

Der Hoetger-Hof

Vom Diedrichshof aus gelangen Sie schon nach wenigen Schritten in Richtung Ortsmitte zu einer weiteren interessanten, aber sehr verschwiegenen Stätte im Künstlerort, dem ehemaligen ***Atelier von Paula Modersohn-Becker (8)****. Achten Sie auf das reetgedeckte Haus im Besitz der Gärtnerfamilie Uphoff.*

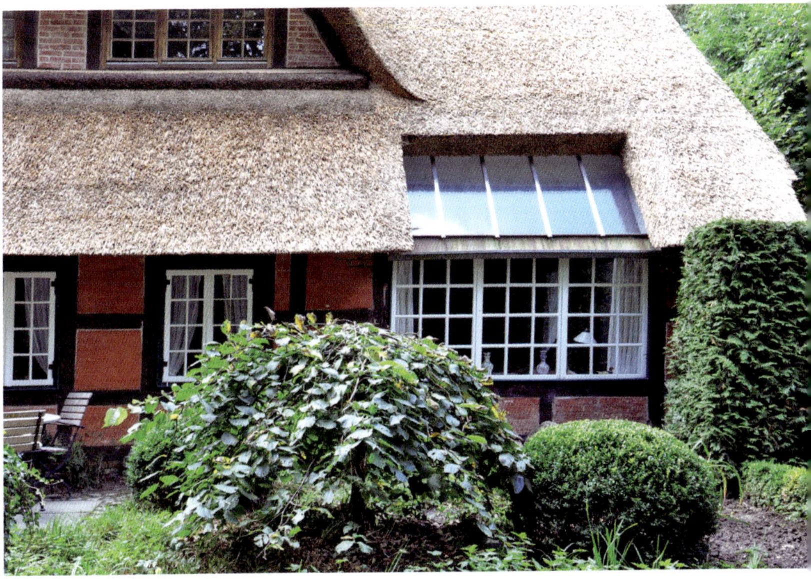

Blick auf Paulas Atelier im Brünjeshof

Ab Mitte 1900 hatte sich die junge Malerin Paula Becker (1876–1907) hier beim Bauern Brünjes in einer kleinen Kammer eingemietet. In diesem Refugium verlebte sie, wie sie wiederholt bekannte, ihre glücklichsten Stunden in Worpswede. Als sie 1901 den Maler Otto Modersohn heiratete, sorgte dieser mit dem Einbau eines Oberlichts dafür, dass sie sich im **Brünjeshof** ein bescheidenes **Atelier** einrichten konnte. Häufig saß sie dort in ihrem geliebten »Lilienatelier« (so bezeichnet nach einem mit Lilien bedruckten Wandbehang) auch mit dem ihr sehr verbunde-

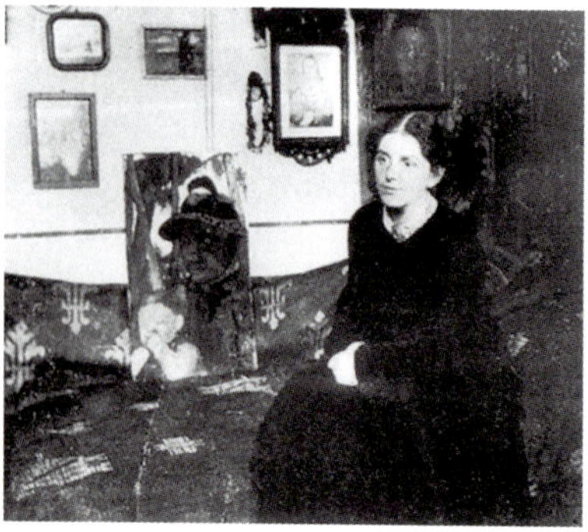

Paula in ihrem Atelier, 1905

nen Rainer Maria Rilke (1875-1926) zusammen, mit dem sie im wahrsten Wortsinne über Gott und die Welt redete. Rilke schätzte sie als Mensch sehr, als Malerin von hoher Bedeutung nahm er sie erst nach ihrem frühen Tod wahr und setzte ihr mit dem ungemein einfühlsamen »Requiem für eine Freundin« ein literarisches Denkmal.

Noch heute sind die in das Reetdach eingebauten Scheiben des Oberlichts zu sehen. Zu besichtigen sind die Räumlichkeiten aber nicht. Allerdings besteht die Möglichkeit, hier in einer eigens eingerichteten Ferienwohnung zu wohnen und ein wenig dem Flair des Hauses und Anwesens nachzuspüren, das der Malerin soviel Anregung und Muße gab.

Zusätzlich reizvoll ist das zum Brünjeshof gehörende Anwesen. Das Gelände ist in seiner Größe und Ausdehnung dem benachbarten Diedrichshof vergleichbar, jedoch weniger architektonisch, dafür aber offener angelegt. Es trägt die Handschrift des Worpsweder Künstlers Carl Emil Uphoff (1885-1971). Uphoff, der Großvater des heutigen Besitzers, legte seinen Künstlergarten in den Jahren 1914 bis 1916 an. Immer wieder stößt man auf Skulpturen des Künstlers, der hier übrigens auch zusammen mit seiner ersten und seiner zweiten Ehefrau beigesetzt wurde.

Ein Stück weiter in Richtung Ortsmitte liegt rechts ein Gelände, auf dem zu Paulas Zeit noch eine Ziegelei (siehe S. 39f.) stand und das

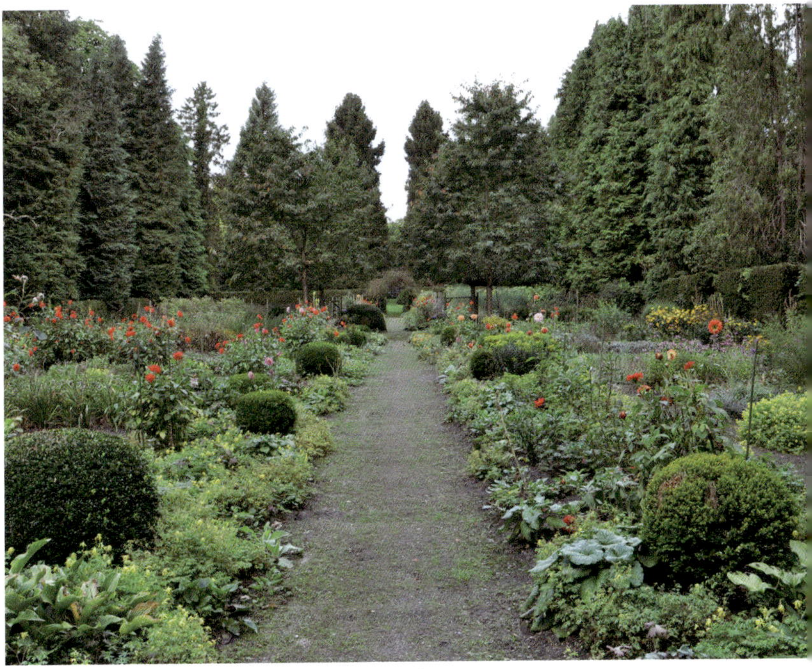

Der Uphoff-Garten

auf sie wegen seiner Wildblumen, Bäume und idyllischen Plätze eine große Anziehungskraft ausübte. Sie hielt diesen Ort auf einer Reihe von Gemälden fest.

Sollten Sie den Wunsch verspüren, eine Pause einzulegen, so bieten sich mehrere Gastronomiebetriebe in der Nähe an, darunter die bereits genannten Cafés im Barkenhoff und im Buchenhof.

Aber wie auch immer Sie sich entscheiden: Auf jeden Fall sollten Sie wieder zum Barkenhoff und damit zum Hauptweg des Spaziergangs zurückkehren.

Den Barkenhoff verlassen Sie in Richtung des an der Straße gelegenen Parkplatzes, gehen an diesem jedoch oberhalb vorbei auf dem ***Martin-Goldyga-Weg*** *in das weitläufige Waldgelände. Diesen Weg verlassen Sie etwa 150 Meter nach einer Wegquerung auf einem schmalen Pfad nach links. Auf ihm erreichen Sie den nächsten Anlaufpunkt, den* ***Roseliusstein (9)****.*

Hier befindet sich ein gewaltiges Steinmonument. Einem Großsteingrab ähnlich lagert auf zwei Pfeilern ein mächtiger Kalkstein. Das Denkmal wurde von seinen Freunden dem Andenken an den Bremer Kaffeekaufmann Ludwig Roselius (1874–1943) gewidmet und trägt deshalb die Bezeichnung **Roseliusstein**. Roselius, bekannt durch die Erfindung des koffeinfreien Kaffee HAG, erwarb sich als Mäzen in Worpswede, besonders als Unterstützer Bernhard Hoetgers, große Verdienste. So trug auch ein Museumstrakt, der heute Teil der neuen Großen Kunstschau ist, über Jahre seinen Namen.

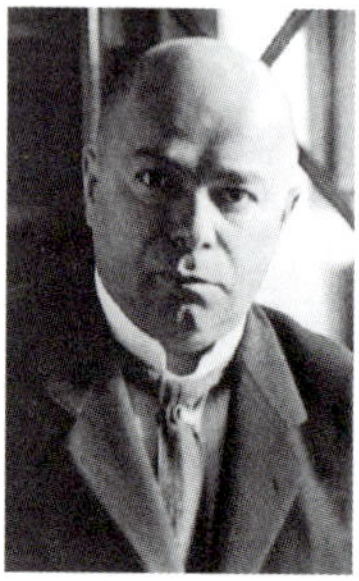

Ludwig Roselius

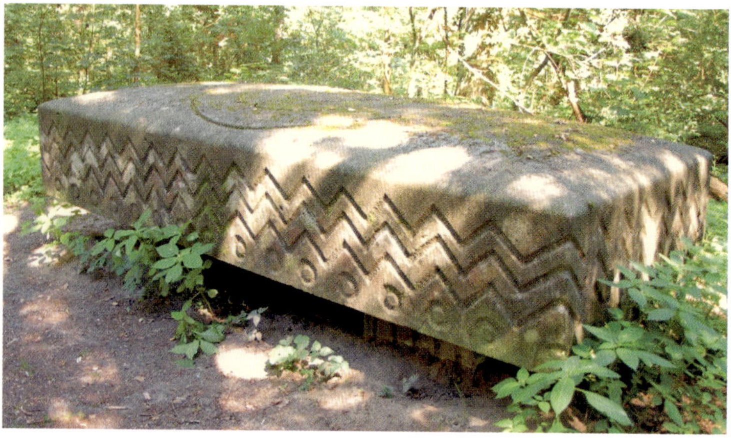

Der Roseliusstein

Aber das Denkmal sollte ursprünglich gar nicht für Roselius und nicht in Worpswede aufgestellt werden. Gedacht war es, und zwar von Roselius selbst gestiftet, für seinen engagierten Mitarbeiter und Freund, den Heimat-, Früh- und Vorgeschichtsforscher sowie Fotografen Hans Müller-Brauel (1867–1940). Dieser sollte damit eigentlich in seiner Heimatstadt Zeven für seine Verdienste geehrt werden. Da man sich dort aber über Jahre nicht auf einen geeigneten Platz einigen konnte, wurde der Stein schließlich umgewidmet und in Worpswede aufgestellt.

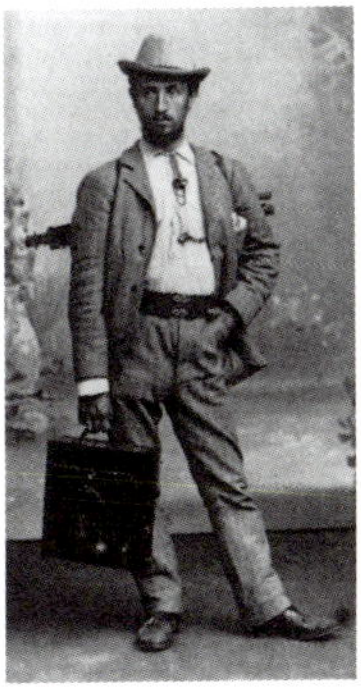

Hans Müller-Brauel

Gehen Sie vom Roseliusstein aus wieder auf den Weg, den Sie vorher verlassen haben. Von hier aus kommen Sie bald auf eine grasbewachsene Lichtung. Überqueren Sie diese und Sie gelangen oberhalb eines kreativ angelegten Kinderspielplatzes auf eine zweite größere Lichtung. Hier treffen Sie auf eine typische Heidelandschaft, die ***Marcusheide (10)****.*

Das gesamte Areal, das sich zwischen dem Hoetger-Ensemble und dem Barkenhoff am Osthang des Weyerberges erstreckt, heißt **Marcusheide**. Der weitaus größte Anteil ist heute mit Wald und Buschwerk bestanden. Nur wenige Flächen zeigen noch den heidetypischen Bewuchs, der dem Gebiet einen Teil seines Namens gab und bis etwa Mitte des 19. Jahrhunderts das Landschaftsbild bestimmte. Der andere Namensbestandteil geht auf den früheren Besitzer des Areals zurück, nämlich Dr. Victor Wilhelm Marcus (1849–1911), einen ehemaligen Bürgermeister von Bremen (Amtszeit 1907–1911). Er hatte 1906 mehr als 20 Hektar von dem Besitzer der abgewirtschafteten Ziegelei erworben, die einmal im Ortsteil Ostendorf existierte. Auf dem früheren Platz der Ziegelei ließ er den ebenfalls nach ihm benannten Marcushof errichten. 1907 kaufte Heinrich Vogeler etwa zwei Hektar aus dem Besitz von Marcus, um die Anbaufläche für den Barkenhoff nach Westen hin zu vergrößern.

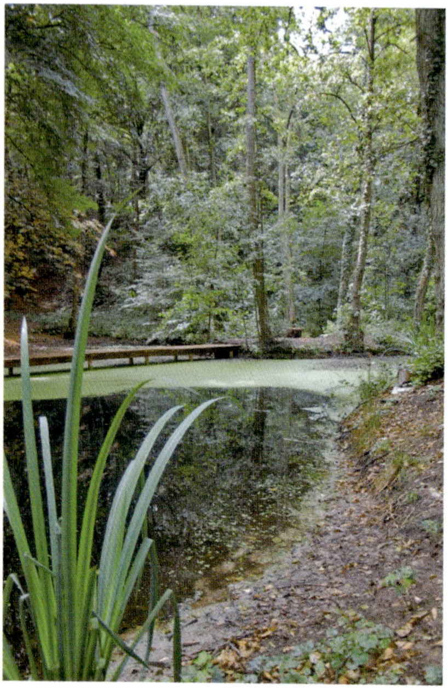
Ein Relikt der ehemaligen Ziegelei

Die Spuren der alten Ziegelei sind übrigens noch deutlich im Gelände auszumachen. Der hier anstehende Ton wurde abgegraben und für die Herstellung von Ziegeln genutzt. Zurückgeblieben sind zahlreiche Gruben und Einschnitte, die heute zum Teil mit Wasser gefüllt sind. Besonders schön ist der mit Entengrütze bedeckte Teich am Barkenhoff, der bei den hier seit einigen Jahren (sporadisch) stattfindenden Theaterveranstaltungen eine traumhafte Kulisse darstellt.

Die Erbin des Dr. Marcus verkaufte die Marcusheide übrigens 1931 für 50.000 Reichsmark an Ludwig Roselius. Ein großer Teil dieser Summe soll noch im gleichen Jahr zur Finanzierung des Schützenfestes mit dem Schützenkönig Tetjus Tügel aufgebraucht worden sein, der mit einer der Marcus-Töchter liiert war. Von dieser Verbindung zeugt auch der durch die Marcusheide führende **Tetjus-Tügel-Weg**.

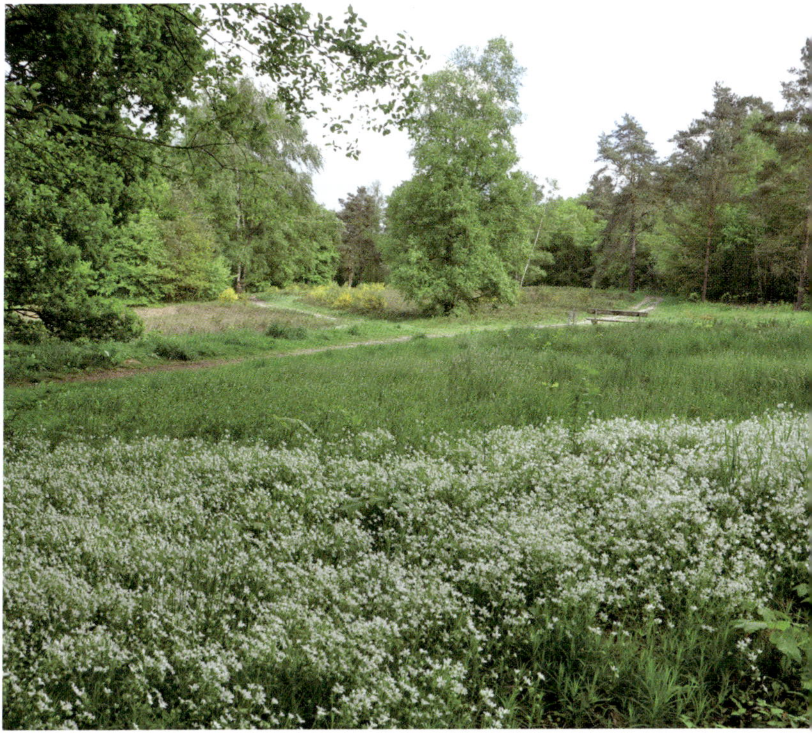

Ein idyllischer Platz in der Marcusheide

Eben dieser Weg führt Sie nun direkt zum großen Parkplatz, dem Ausgangspunkt des Spaziergangs, zurück.

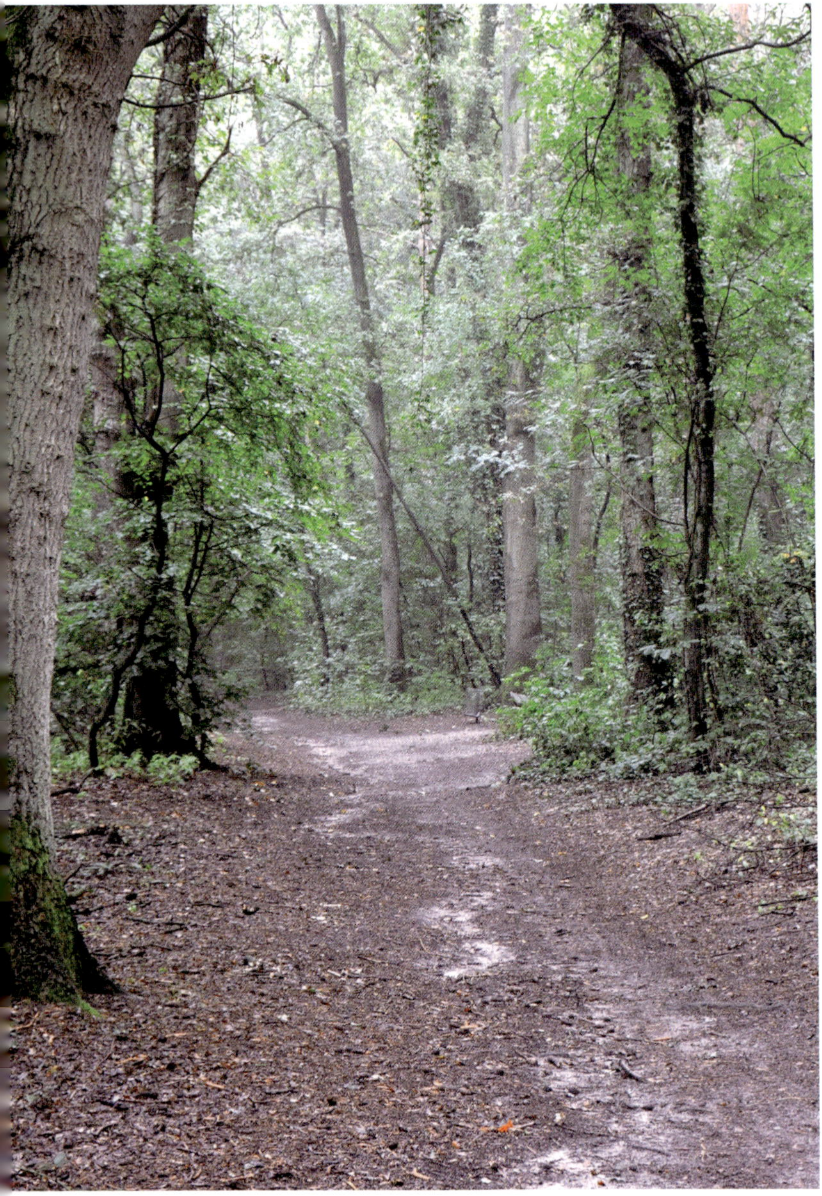

Ergänzende Hinweise zu den begangenen Wegen:

Martin-Goldyga-Weg

Goldyga (1894–1956) war durch Heinrich Vogeler auf den Barkenhoff gekommen. Ihn verband auch ein freundschaftliches Verhältnis mit Bernhard Hoetger. Von 1927 bis zu seinem Tode war er Leiter der Großen Kunstschau. Als Initiator vieler Ausstellungen erwarb er sich große Verdienste.

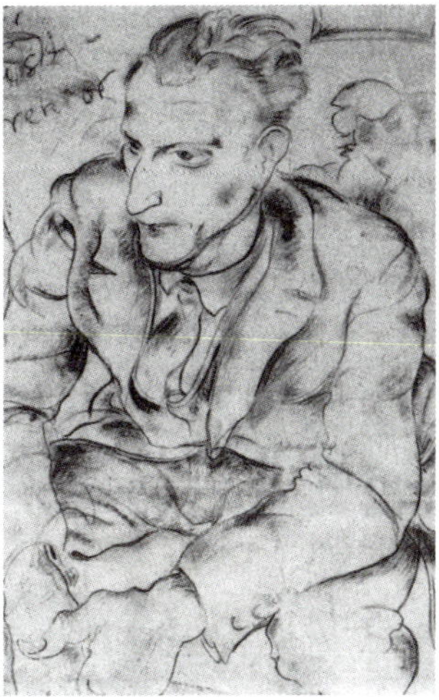

Martin Goldyga, porträtiert von Tetjus Tügel

Tetjus-Tügel-Weg

Tügel (1892–1973) war einer der ungewöhnlichsten Künstler Worpswedes. Begabt mit vielen Talenten als Maler, Dichter, Musiker und Schauspieler war er unter anderen mit Gerhart Hauptmann, Gustav Gründgens, Gustav Knuth und Heinrich Zille befreundet. Er lebte 30 Jahre lang in Worpswede und war mindestens siebenmal verheiratet. Der seinen Namen tragende Weg führte ihn zu seiner Lebensgefährtin Annemarie (Tulu) Marcus, der Bürgermeisterstochter, und seiner Marcushütte, einem Holzhaus auf Ständern, das auf dem früheren Marcushof stand.

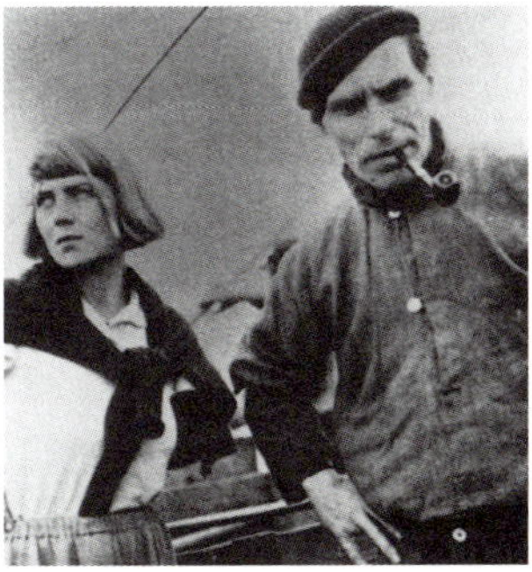

Tetjus Tügel mit Tulu Marcus

‹ Waldweg in der Marcusheide

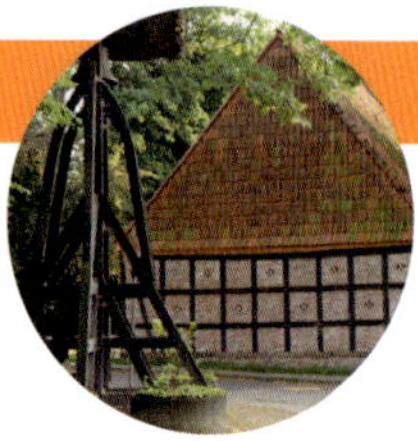

Stationen des Hauptweges:
Philine-Vogeler-Haus –
Kaufhaus Stolte – Bauernreihe
Stationen des Abstechers:
Künstlerateliers – Bahnhof

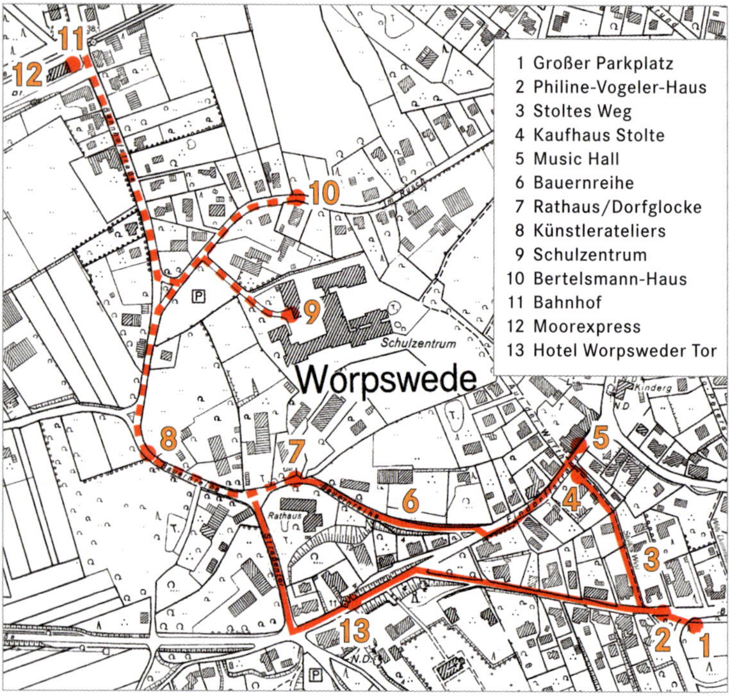

Länge des Hauptweges: etwa 1,6 Kilometer
Länge mit Abstecher: etwa 3,2 Kilometer
Anfangs führt der Spaziergang über einen leicht abschüssigen Sandweg, danach ausschließlich über asphaltierte oder gepflasterte Straßen. Es handelt sich allerdings um ein leicht fallendes bzw. steigendes Gelände.

*Auch der **Spaziergang 2** beginnt am großen **Parkplatz (1)** an der Bergstraße. Gehen Sie von hier aus zur angrenzenden Lindenallee. Dort sehen Sie an der Ecke der Bergstraße ein interessant gestaltetes Haus mit roten Klinkern, das **Philine-Vogeler-Haus (2)**.*

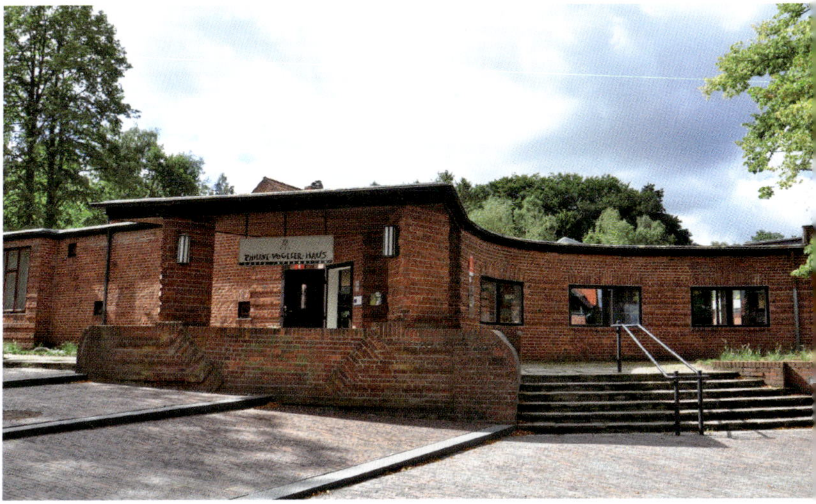

Das Philine-Vogeler-Haus

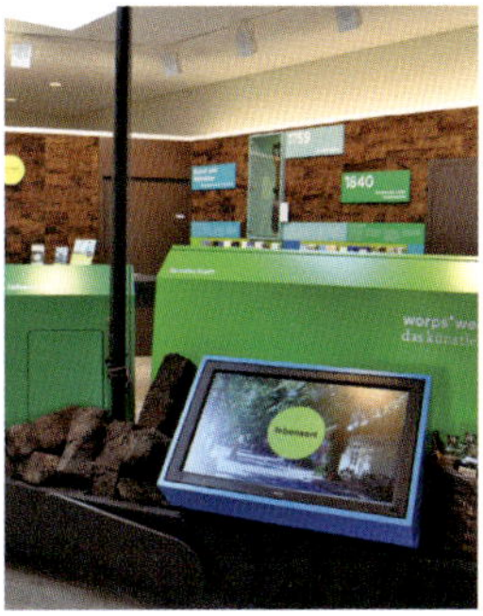

Im Inneren des Philine-Vogeler-Hauses

Dieser im Zuge von Baumaßnahmen auch im Inneren modernisierte Gebäudekomplex, das sogenannte **Philine-Vogeler-Haus**, beherbergt die Worpsweder Gästeinformation. Wer das Gebäude von früheren Besuchen kennt, wird erfreut feststellen, dass es sich jetzt sehr ansprechend und informativ präsentiert. Auf Schautafeln und mithilfe von Videosequenzen erhalten Interessierte einen knappen geschichtlichen Einblick in verschiedene Themen und können dabei

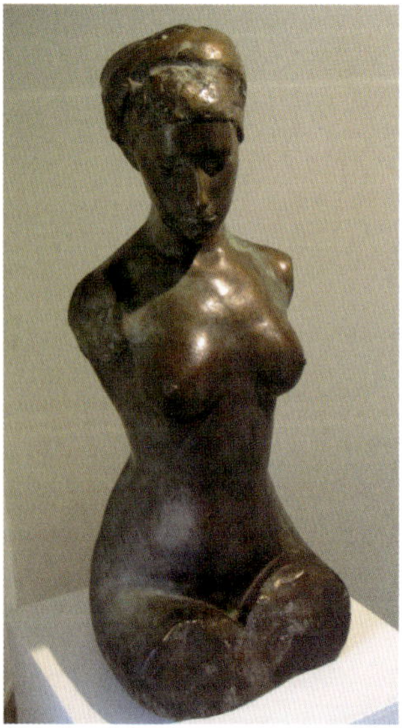

Elberfelder Torso

im Raum unter anderem den wunderschönen Elberfelder Torso bewundern, eine Bronzeskulptur Hoetgers aus dem Jahr 1905, oder die originale Klapp-Palette von Paula Modersohn-Becker, auf der sich noch die Farbmischungen für ihr letztes Gemälde befinden.

Vor dem Haus steht eine Skulptur von Waldemar Otto, dessen Werken Sie noch an verschiedenen Stellen in Worpswede begegnen werden.

Gebaut wurde das Gebäude von dem vielseitigen Künstler und Architekten Bernhard Hoetger im Jahre 1928 als Weberei mit Verkaufsraum und Wohnung für die Weberin Elisabeth Vatheuer. 1929 erwarb der Bremer Kaffeekaufmann Ludwig Roselius das Haus. Fortan beherbergte es unter der Leitung von Heinrich Vogelers Schwägerin Philine die Kunsthalle Worpswede bzw. ab 1938 die Kunsthalle Philine Vogeler.

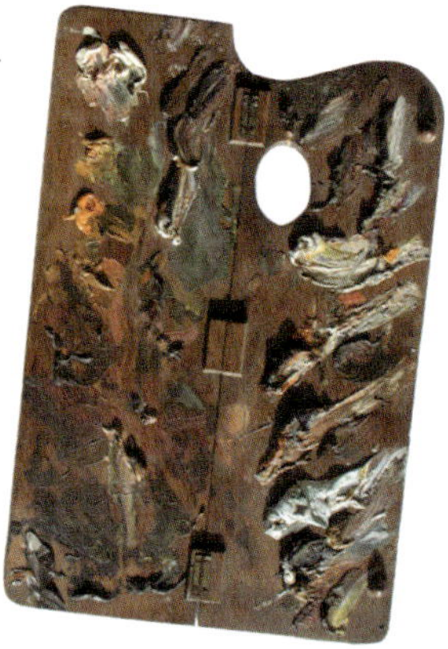

Bereits 1906 hatte Philine Vogeler begonnen, an anderer Stelle in Worpswede erstmals Kunst und Kunsthandwerk auszustellen (siehe auch Spaziergang 4). Das Haus ist dem Andenken an diese dynamische erste Worpsweder Kunsthändlerin gewidmet, nachdem es 1961

seine ursprüngliche Funktion verlor und in den Besitz der Gemeinde Worpswede überging.

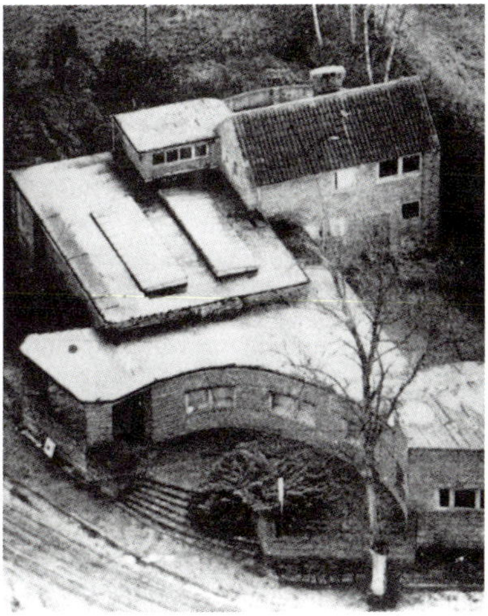

Luftaufnahme des Gebäudes, um 1935

Gästeinformation:
Um detaillierte und aktuelle Informationen, z. B. über Öffnungszeiten von Museen, zu erhalten, ist es ratsam, im Internet die Seite www.worpswede.de zu besuchen oder die Auskunft unter 04792/935820 zu kontaktieren.

*Überqueren Sie hier die neu gestaltete Bergstraße und treten Sie in den leicht abschüssigen Heckenweg **Stoltes Weg (3)** ein.*

Sollten Sie vorher noch eine Stärkung benötigen, könnten Sie dazu in das rechts neben dem Weg liegende Village-Hotel am Weyerberg gehen oder bei schönem Wetter den Vorgarten des Hotels aufsuchen. Die Atmosphäre, der Ausblick und die kleinen Speisen sind sehr anregend. Vielleicht nutzen Sie bei dieser Gelegenheit auch die Möglichkeit, sich dort mit dem 2011 gegründeten Neuen Worpsweder Kunstverein e. V. vertraut zu machen. Auf zwei Galerieebenen präsentiert der Verein in vier bis sechs Einzel- oder Gruppenausstellungen pro Jahr aktuelle Arbeiten internationaler zeitgenössischer Künstler.

‹ Die Klapp-Palette von Paula Modersohn-Becker

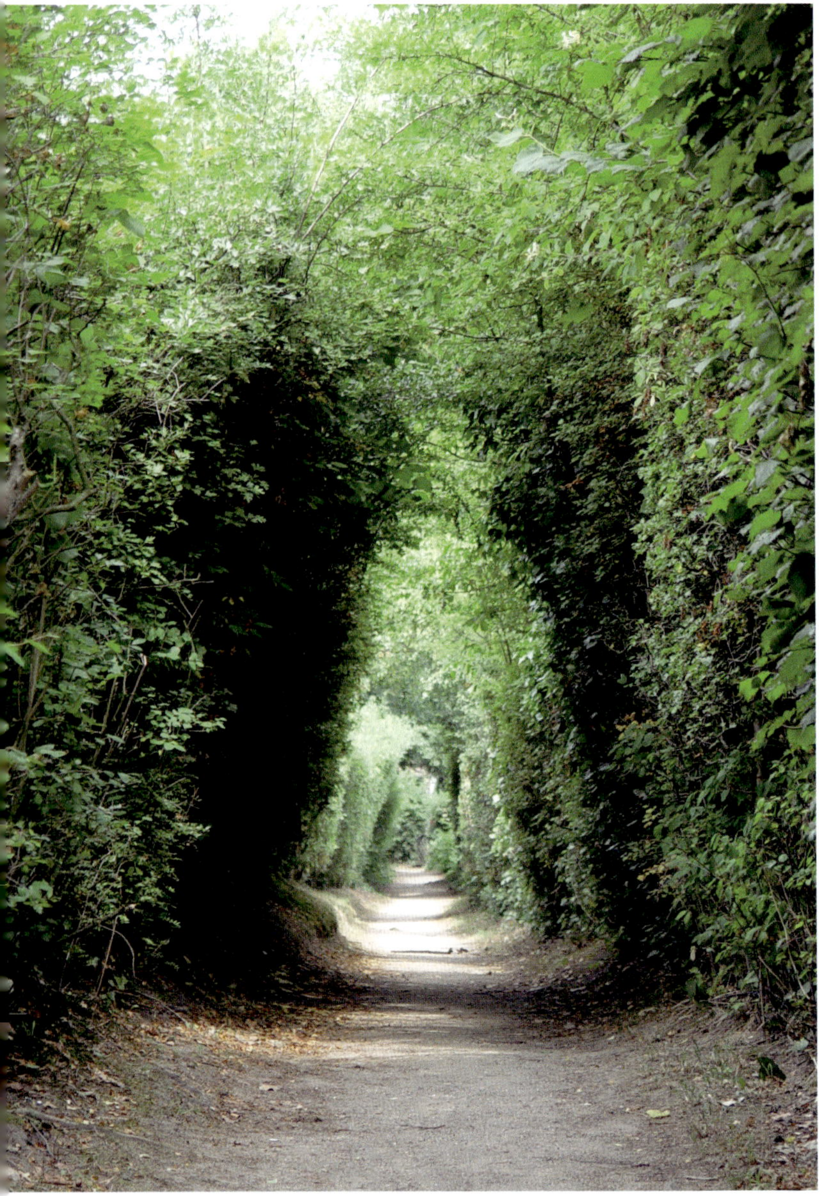

Dass der schöne Heckenweg, den Sie nun betreten, **Stoltes Weg**, bei den älteren Worpswedern auch den Namen »Verlobungsweg« trägt, verheißt einiges. Zwischen den Hecken trafen sich die Liebenden, um sich beim Austausch von Zärtlichkeiten – früher in der Öffentlichkeit verpönt – den Blicken anderer zu entziehen. Gleiches gilt für den unweit rechts gelegenen **Willy-Dammasch-Weg**, benannt nach dem expressionistischen Maler Dammasch (1887–1983) aus der zweiten Worpsweder Künstlergeneration.

Stoltes Weg endet – mit ein paar Stufen und einer Barriere für Radfahrer – rechts neben einem repräsentativen Haus, dem ***Kaufhaus Stolte (4).***

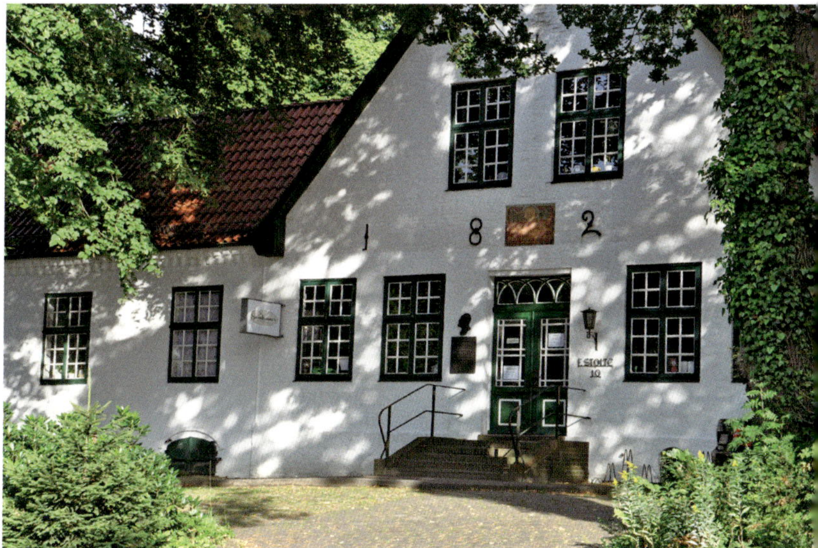

Das Kaufhaus Stolte

‹ Stoltes Weg – für Kenner der »Verlobungsweg«

Von diesem Haus, dem **Kaufhaus Stolte**, oder besser: seinen früheren Bewohnern, ging durch Zufall das aus, was bis zum heutigen Tage so viele Menschen nach Worpswede führt. Die Tochter Emilie Stolte, genannt Mimi, hatte nämlich bei ihrer Tante in Düsseldorf den Kunststudenten Fritz Mackensen kennengelernt und ihm von ihrem Heimatort, seinen Menschen und der Landschaft vorgeschwärmt. 1884 folgte Mackensen der Einladung der Kaufmannsfamilie Stolte zu einem Besuch. Mimis Vater Carl Otto Ferdinand Stolte war zu jener Zeit Gemeindevorsteher. Aus einem Besuch wurden mehrere, schließlich ab 1889 ein Aufenthalt auf Dauer. Vor allem aber kam es mit dem Nachzug der Malerfreunde zur Gründung der Künstlerkolonie.

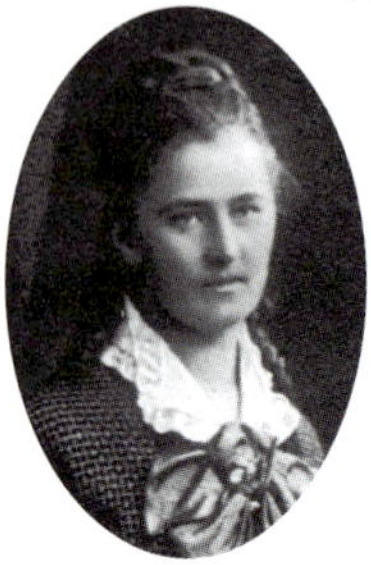

Mimi Stolte

Auf diesen wichtigen Teil der Worpsweder Dorfgeschichte und die Rolle der Stoltes dabei verweisen auch Porträt und Gedenktafel Mackensens neben der Eingangstür.

Entstanden ist das Kaufhaus Stolte aus dem ersten Krämerladen in Worpswede, den ein Enkel des ersten Pastors zunächst in der Pastorenscheune unterhalb der Kirche einrichtete. 1824 baute jener Johann Friedrich Jacob Telge – zu Geld und ein wenig Wohlstand gekommen – an dieser Stelle das heutige Haus. Viele Kirchgänger und Reisende nutzten das Haus gern als Ausspann, in dem man auch aller-

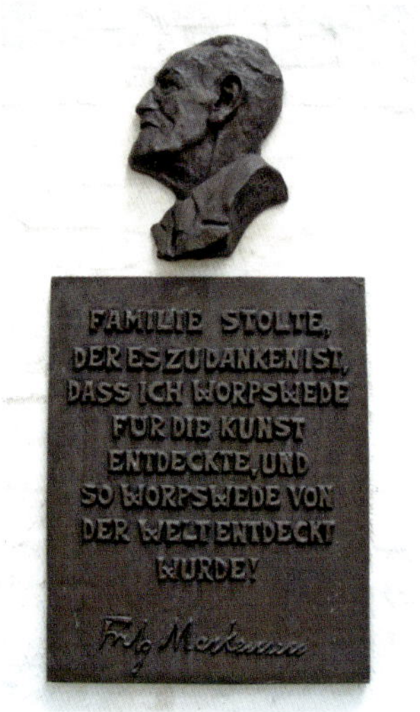

Erinnerungstafel an Mackensens ersten Aufenthalt in Worpswede

lei Dinge des täglichen Bedarfs einkaufen konnte. Aktuell werden die Räumlichkeiten von der Galerie **Mimis Erbe – Raum für Kunst** genutzt.

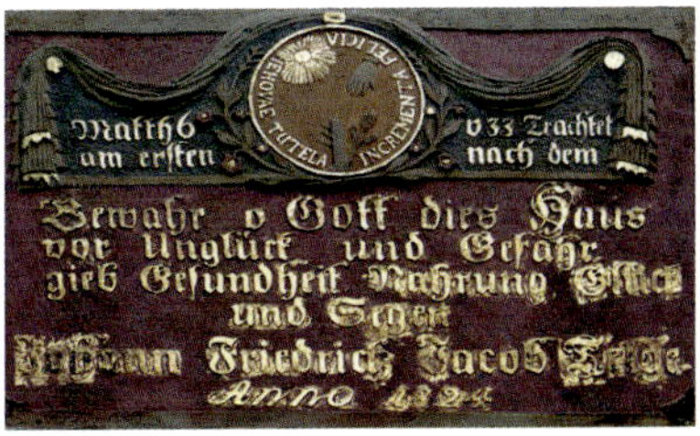

Der Haussegen am Kaufhaus Stolte

*Auf der anderen Seite der hier vorbeiführenden Findorffstraße sehen Sie ein lang gezogenes Gebäude, die **Music Hall (5)**.*

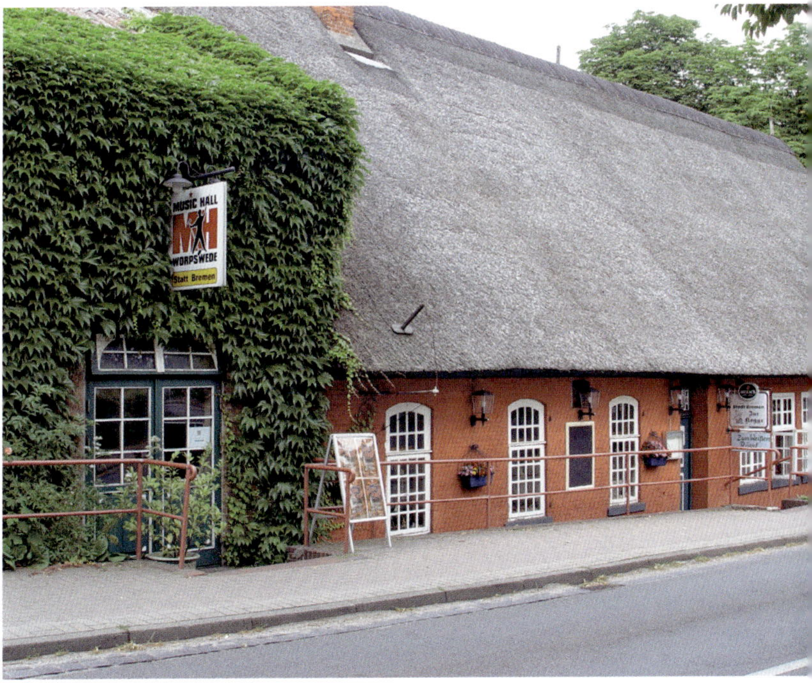

Die Music Hall, der Worpsweder Musiktempel

Dieses Gebäude mit seinem Bewuchs von wildem Wein beherbergt seit Jahren eine Worpsweder Institution. Die Fans der **Music Hall** strömen Wochenende für Wochenende auch aus entfernten Regionen hierher, um Pop-, Jazz- und Rockgrößen aus aller Welt live zu erleben. Aber auch Theater, Musical oder Kabarett stehen regelmäßig auf dem Programm.

Die heutige Music Hall war ursprünglich der große Festsaal vom einstigen **Hotel Stadt Bremen**, einem stattlichen Niedersachsenhaus mit dem typischen, weit heruntergezogenen Reetdach. Das Anwesen besteht seit Mitte des 18. Jahrhunderts und kann auf eine wechselvolle Geschichte zurückblicken. In seinen Mauern sollen sich die Worpsweder Bauern 1756 nach zähem Ringen bereitgefunden haben, den Kirchenbau auf dem Berge zuzulassen (und dafür einen Teil ihres Weidelandes zu opfern). Und es war schon früh ein zentraler

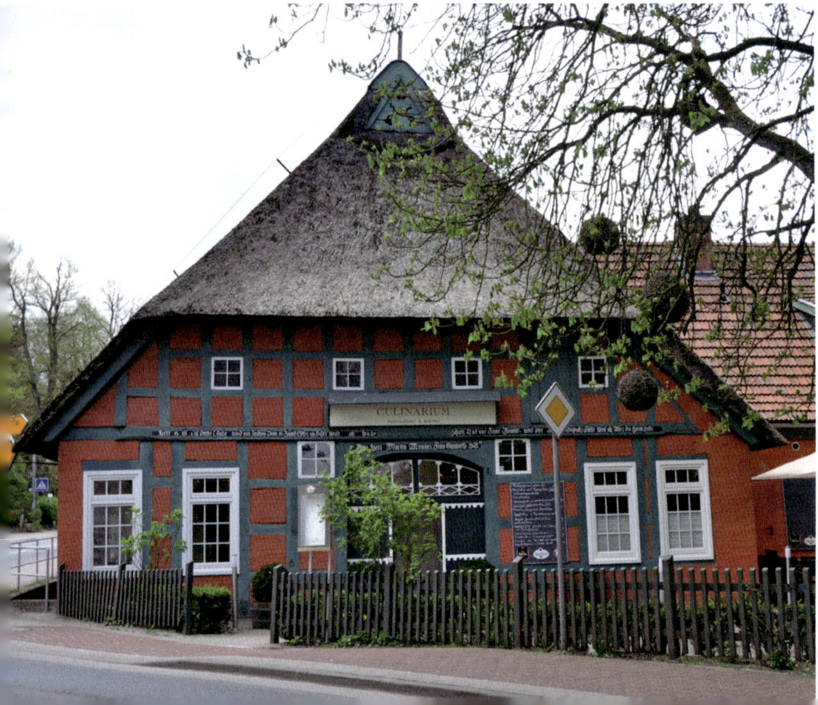

Anlaufpunkt im Ort: Vor seinem Tor hielt nicht nur die Postkutsche, auch zahlreiche Künstler verkehrten hier. Das von Heinrich Vogeler ausgestattete Künstlerzimmer ist heute Teil eines Restaurants. Hier waren etwa die Eheleute Vogeler und Modersohn sowie die Malerfamilie Krummacher Stammgäste.

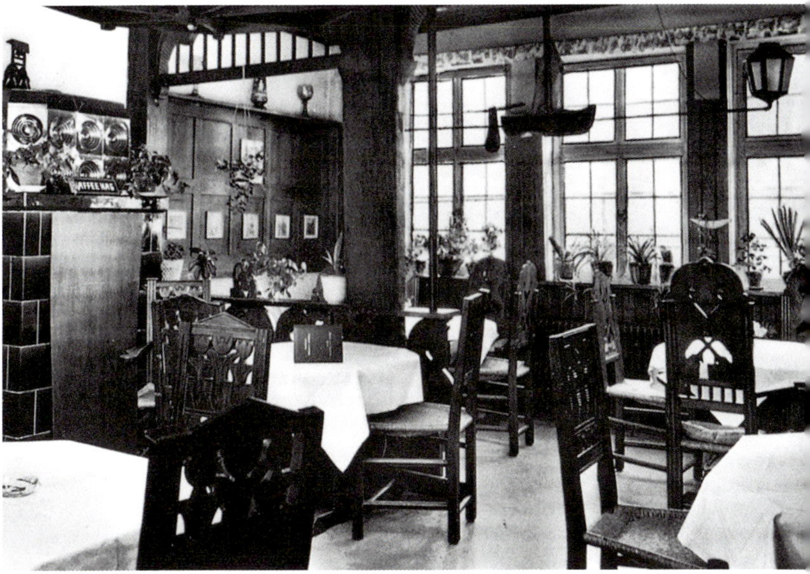

Das Künstlerzimmer, ein beliebter Treffpunkt

Der Spaziergang führt nun die leicht ansteigende Findorffstraße entlang. Nach gut 100 Metern biegen Sie rechts in die etwas abschüssige, gepflasterte Straße mit dem Namen ***Bauernreihe (6)*** *ein. Nach etwa 300 Metern erreichen Sie linker Hand das* ***Rathaus*** *und die* ***Dorfglocke (7)****.*

‹ Das ehemalige Hotel Stadt Bremen, heute ein Restaurant

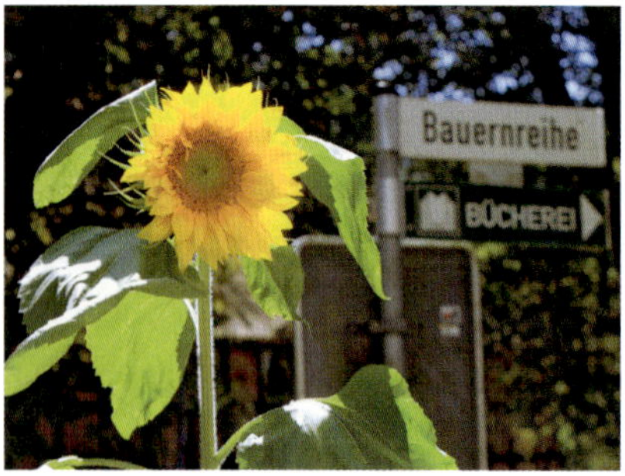

Willkommen in der Bauernreihe

Der Spaziergang durch die **Bauernreihe** führt in die Geschichte Worpswedes. Es sind wohl acht Bauern gewesen, die sich hier erstmals niederließen und von deren Abgabe des halben Zehnten die erste urkundliche Erwähnung Worpswedes aus dem Jahre 1218 kündet. Die Bauern hatten sich für ihre Hofstellen eine recht günstige Lage am Hang ausgesucht: die 10- bis 15-Meter-Höhenlinie, Grenze zwischen den unterhalb gelegenen, zuweilen nassen Weiden und dem oberhalb befindlichen Ackerland: ein Gebiet mit Bachläufen und Quellen für das Trinkwasser und sicher genug vor Überschwemmungen.

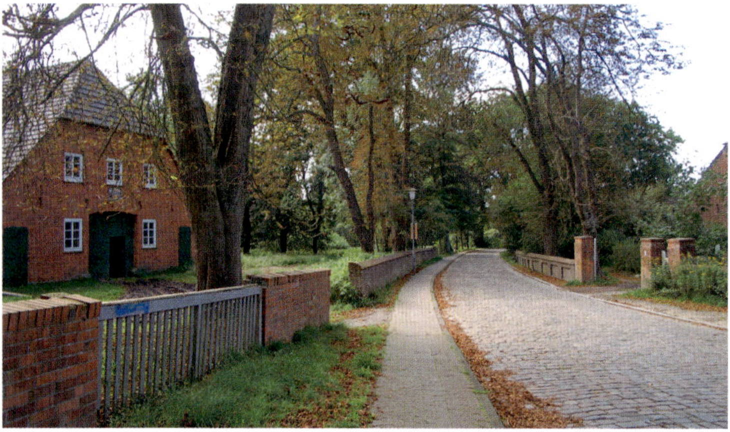

Ein Teil des alten Dorfkerns

Ein Pferdekopf an der Fassade des Monseeshofes ›

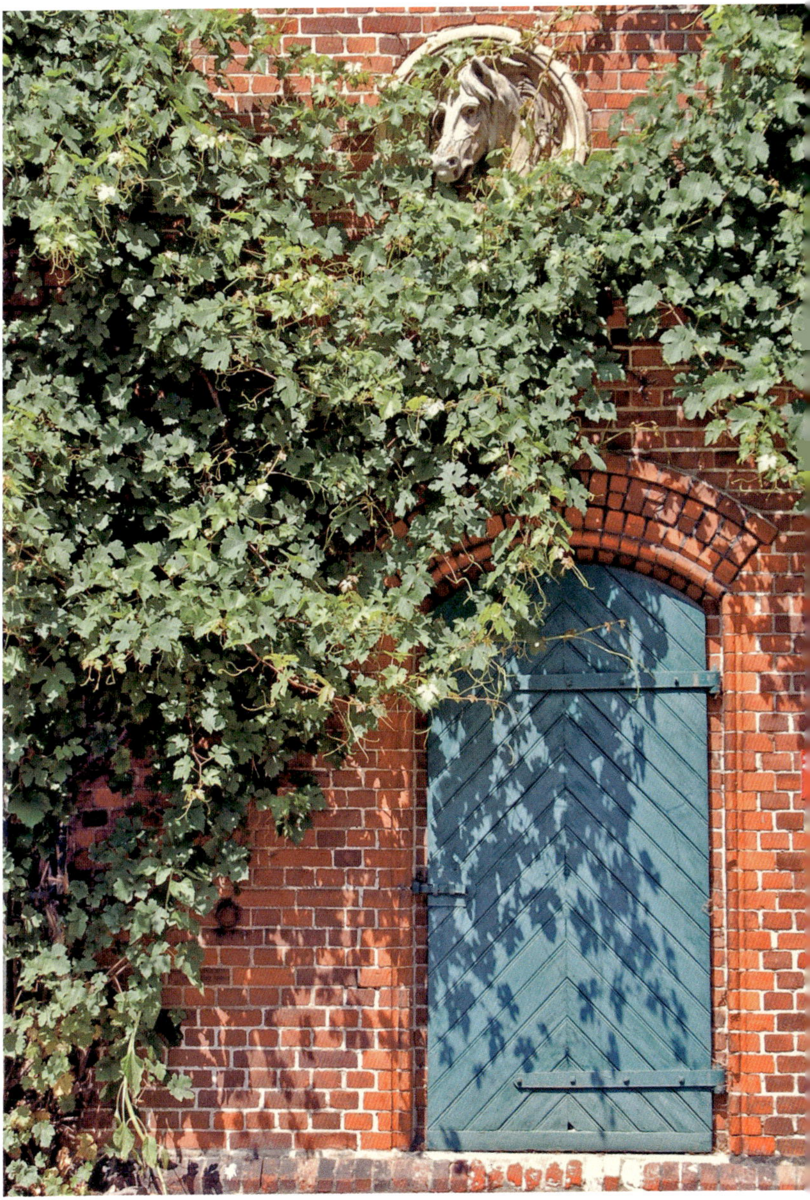

Sieben der acht Höfe sind heute noch in ihrer früheren Pracht zu sehen. Einigen von ihnen wurden um 1900 reich geschmückte Giebel vorgesetzt, wie zum Beispiel dem Hof Monsees mit den Pferdeköpfen. Allerdings werden die Hofstellen bis auf eine nicht mehr für landwirtschaftliche Zwecke genutzt. Selbst die ehemaligen Scheunen dienen inzwischen als Wohnungen bzw. für gewerbliche Zwecke. Es ist ein angenehmes Wohnen oder Arbeiten inmitten des üppigen Grüns und der herrlichen Baumbestände, die die Hofstellen umgeben.

Der ehemalige Bötjer-Hof an der Einmündung der Straße Straßentor in die Bauernreihe dient mit seinen Anbauten seit 1988 als Worpsweder **Rathaus**. Selbst ein verheerender Brand im Juni 1997, der den historischen Teil des Hauses in Schutt und Asche legte, konnte dem attraktiven Anwesen – mit dem gut frequentierten und mit Vogeler-Möbeln

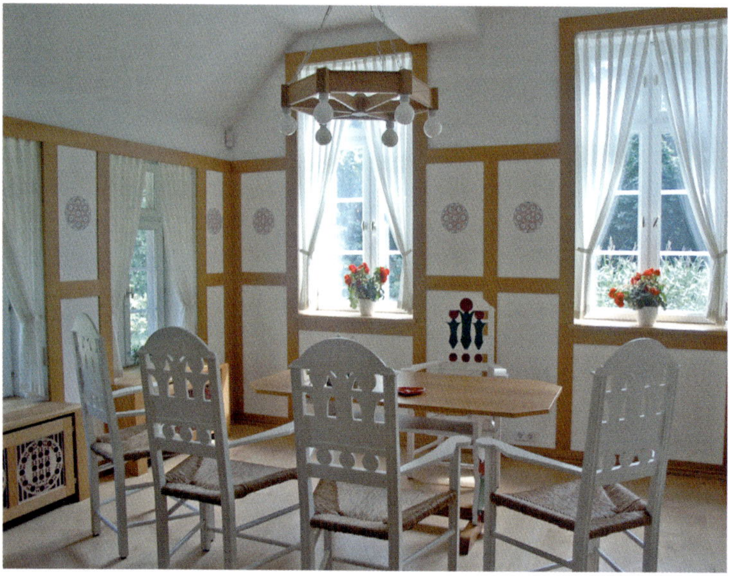

Das beliebte Trauzimmer

ausgestatteten Trauzimmer sowie der für Veranstaltungen genutzten Ratsdiele – letztlich seine alte Schönheit nicht rauben. Das Gebäude wurde umgehend originalgetreu rekonstruiert.

Erwähnenswert ist, dass auf dem Bötjerhof die – neben Martha Vogeler – einzige in Worpswede geborene und aufgewachsene Künstlerin, nämlich Sophie Bötjer-Mallet (1887–1966) zu Hause war. Sie war Kunstgewerblerin in Hoetgers »Worpsweder Kunsthütten«, gestaltete unter anderem Webteppiche und wandte sich als Schülerin Hoetgers und Albert Schiestl-Ardings (1883–1937), einem Maler der sogenannten zweiten Generation, der expressiven Malerei zu.

Vor dem Hof steht der erstmals 1699 erwähnte, aber vorher wohl schon vorhandene und 1982 wieder errichtete Glockenstuhl mit der **Dorfglocke**. Sie rief vor dem Bau der Worpsweder Zionskirche (1757 bis 1759) zum Kirchgang in das entfernte Scharmbeck. Auch bei Feuer und Gefahr sowie bei Taufen, Hochzeiten oder Beerdigungen war ihr Ruf weithin zu hören.

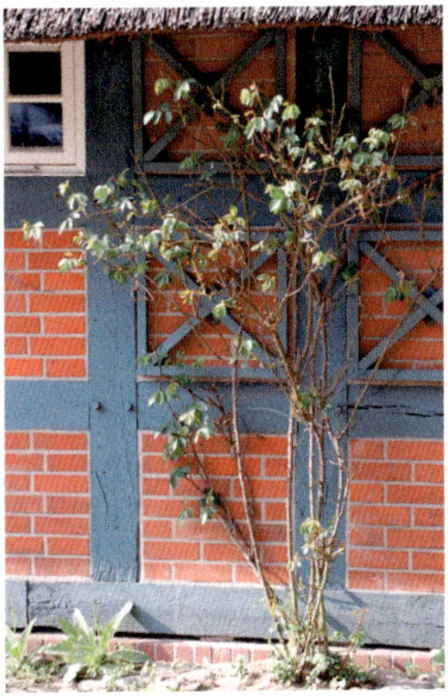
Ein Rathausdetail

Gegenüber vom Rathaus steht ein auf den ersten Blick wenig Aufmerksamkeit heischendes Gebäude, die bötjersche Scheune. Sie ist eine Rarität, denn es handelt sich um die letzte Drei-Ständer-Scheune im Landkreis Osterholz, erbaut 1847. Durch das Engagement der »Stiftung Worpswede« konnte das unter Denkmalschutz stehende Gebäude vor dem Verfall gerettet werden. Es steht der Dorfgemeinschaft nach der Sanierung jetzt für unterschiedlichste Aktivitäten zur Verfügung.

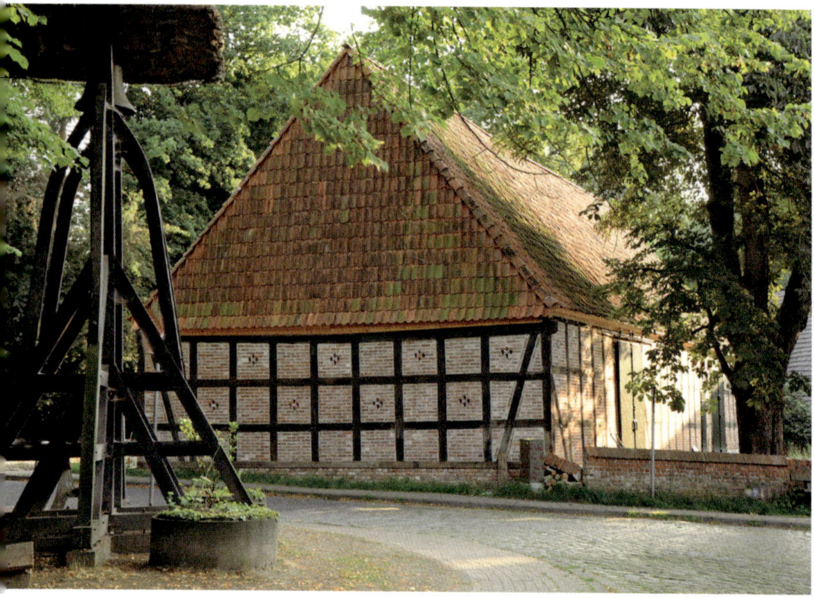

Die Bötjersche Scheune mit der Dorfglocke im Vordergrund

*Ein **Abstecher** (siehe die gestrichelte Markierung auf dem Kartenausschnitt) führt Sie vom Rathaus weiter die Bauernreihe entlang. Sie passieren dabei auf der rechten Seite einige **Künstlerateliers (8)**.*

An dieser Stelle in einem ehemaligen Scheunengebäude des Tietjen-Hofes haben sich gleich drei Künstler mit ihren **Ateliers** niedergelassen. Einen Teil der Objekte haben die Bildhauer Prof. Bernd Altenstein sowie seine ehemaligen Studenten Gisela Eufe und Christoph Fischer hier unter den Bäumen platziert. Lassen Sie die Werke der vielfach ausgezeichneten Künstler auf sich wirken – oder besser noch: Klopfen Sie doch einmal bei den Kunstschaffenden an. Vielleicht können Sie den Künstlern dann sogar bei der Arbeit über die Schulter schauen. Auf der leicht abgesenkten Wiesenfläche gegenüber befindet sich der

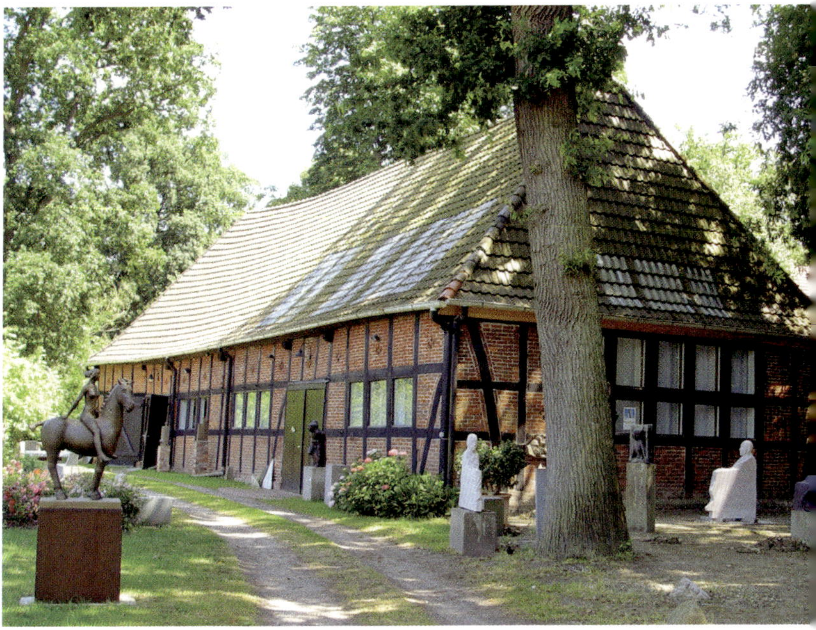

Bildhauerateliers am Wege

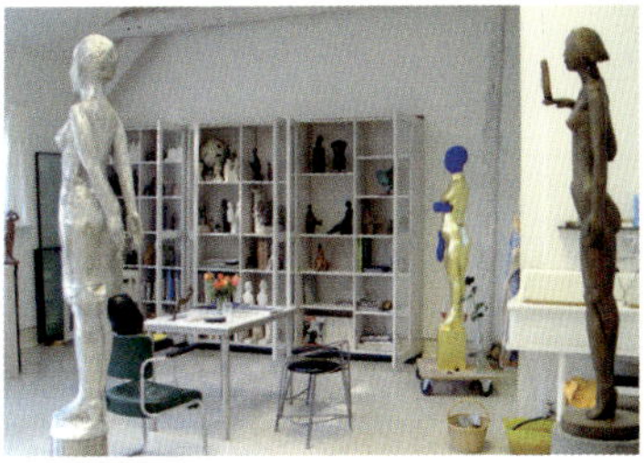

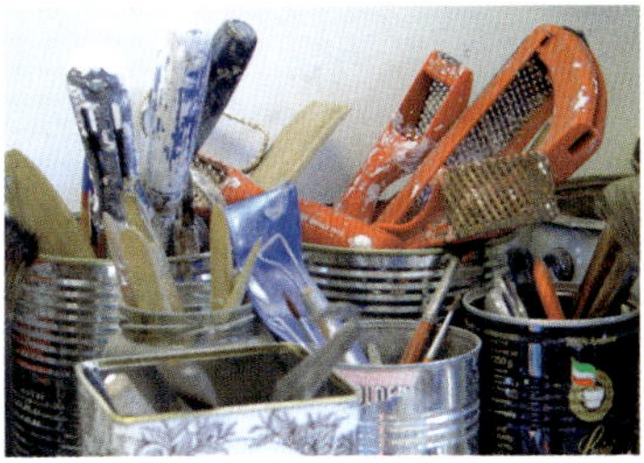

Einblicke in eine der Werkstätten

Rastplatz Bauernreihe. Es ist, wie Sie schnell entdecken werden, ein besonderer Rastplatz. An zwei Zuwegen wurden hier 15 Apfelbäume mit alten Apfelsorten wie dem Danziger Kantapfel oder der

Berliner Schafsnase gepflanzt. In der Reifezeit sind Sie herzlich eingeladen, die Äpfel auch zu pflücken und zu probieren. Eine weitere Besonderheit ist ein Labyrinth aus sieben mit Ziegelsteinen gelegten Kreisen. In der Mitte steht, in Anspielung auf das berühmte Labyrinth von Knossos, ein Minotaurus. Er wurde wie die weiteren Skulpturen – u. a. »Bär«, »Schwäne«, »Pelikan«, »Reiter« – von Christoph Fischer geschaffen.

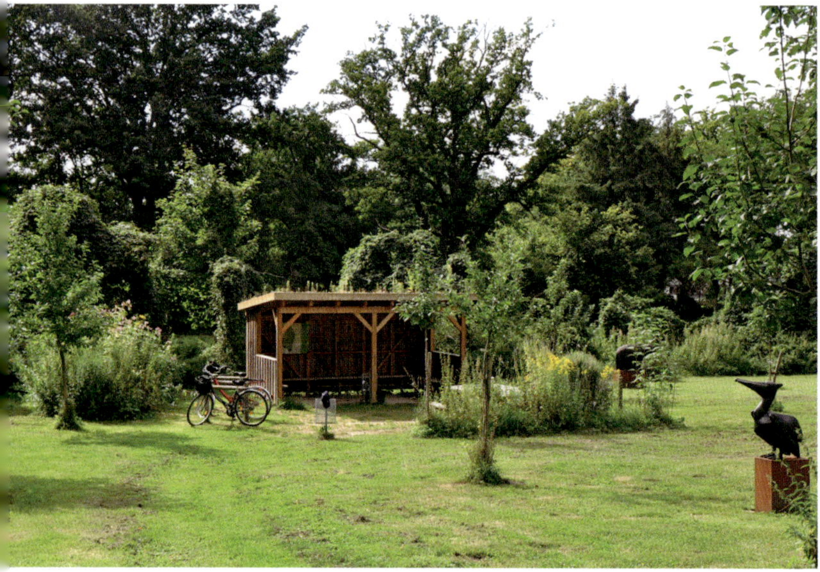

Der Rastplatz Bauernreihe

Wenn Sie weitergehen, sehen Sie rechter Hand ein Stück von der Straße entfernt das aus mehreren Gebäudekomplexen stimmig in die Wiesenlandschaft gebaute frühere ***Schulzentrum (9)****. Durch den Verlust der Haupt- und Realschule gibt es dort jedoch nur noch die Grundschule und einen Kindergarten vom SOS Kinderdorf.*

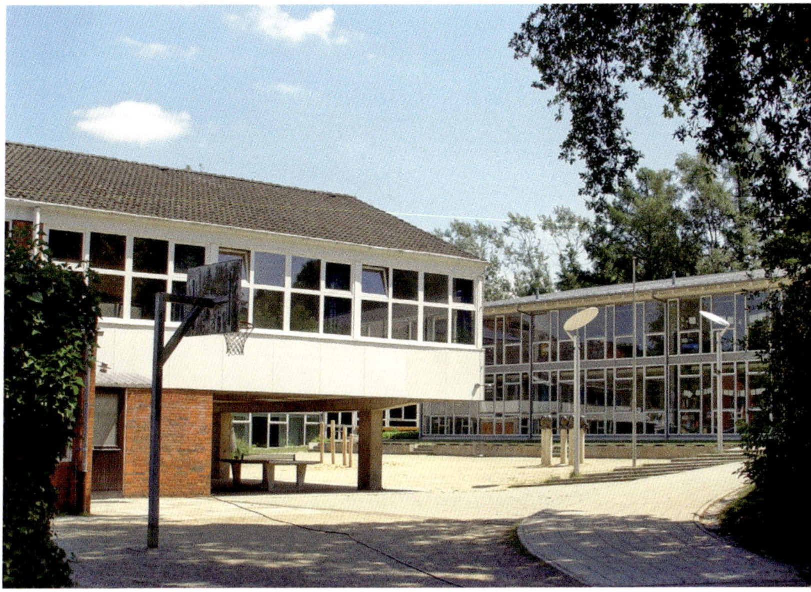

Ein Teil des ehemaligen Schulzentrums

Der Gebäudekomplex der **Schule** – das Hauptgebäude wurde in den 1960er-Jahren von dem Worpsweder Architekten und Maler Walter Müller (1901–1975) geplant – demonstriert, wie recht massige Baukörper harmonisch in eine Landschaft eingefügt werden können. Die Worpsweder Schüler kommen hier auch in Kontakt mit verschiedenen Kunstobjekten (unter anderem die Skulptur »Fünf Sinne« von Gisela Eufe auf einem der Schulhöfe).

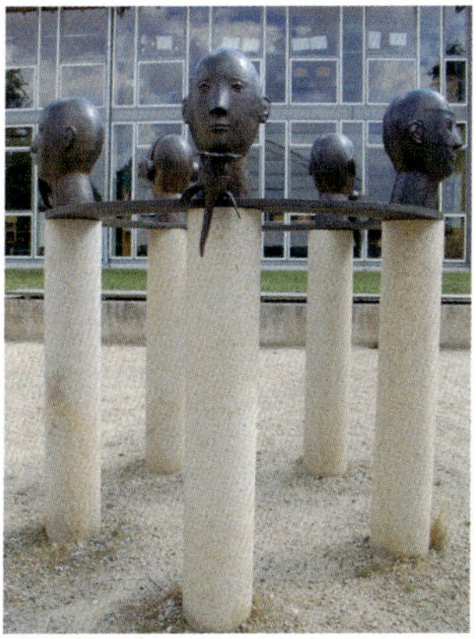

Ein Kunstwerk auf dem Schulhof

Ein kleines Stück weiter die Straße Im Rusch entlang kommen Sie zu einem der ältesten Bauernhäuser in Worpswede. An der rechten Straßenseite steht hier das reetgedeckte ***Bertelsmann-Haus (10)*** *mit seinem blau gestrichenen Ständerwerk.*

Dieses schöne Bauernhaus ist seit 1918 im Besitz der Malerfamilie **Bertelsmann**. Walter Bertelsmann, von 1902 bis 1904 Malschüler bei Hans am Ende, bewohnte es zusammen mit seiner Frau Erna, ebenfalls Künstlerin, und den gleichfalls künstlerisch veranlagten Kindern bis zu seinem Tode im Jahre 1963.

Die Inschrift auf dem Hausbalken verweist darauf, dass das Haus im Jahre 1785 von Hinrich Bötjer gebaut wurde. Es ist damit wohl eines der ältesten noch erhaltenen Wohngebäude im Ort. Im Rusch, benannt nach den Binsen, die in diesem vergleichsweise tiefer ge-

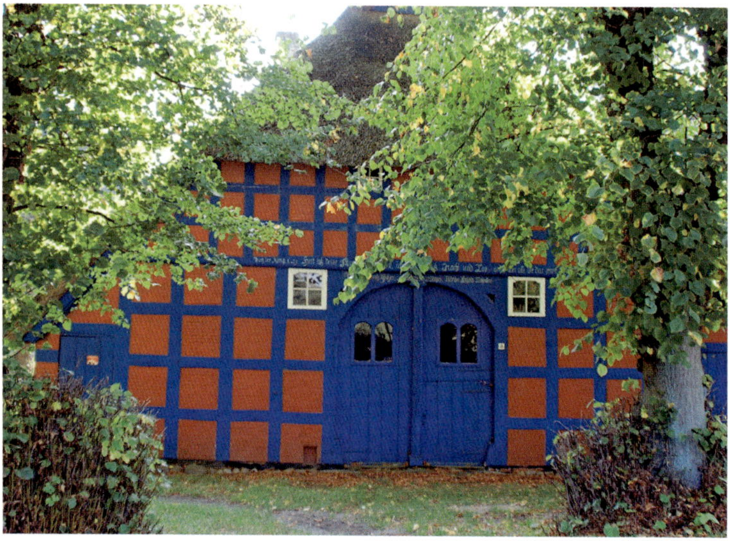

Das Bertelsmann-Haus an der Straße Im Rusch

legenen und somit feuchten Gebiet wachsen, entstanden die ersten Hofstellen erst nach dem Dreißigjährigen Krieg. Sie wurden von abhängigen Häuslingen oder von Kötnern besetzt, die in Diensten der größeren Bauern am Berg standen.

*Wenn Sie die Straße Im Rusch bis zur Abzweigung zurückgehen, kommen Sie nach rechts in die Bahnhofstraße. An deren Ende steht links der **Bahnhof (11)**.*

Mit den Künstlern kamen am Ende des 19. Jahrhunderts immer mehr Besucher nach Worpswede. Das Erreichen des Künstlerdorfes mit dem Pferdeomnibus oder der Postkutsche war jedoch äußerst beschwerlich. Abhilfe schuf erst die 1909 bis 1911 zwischen Osterholz und Bremervörde gebaute Bahnstrecke. Der Worpsweder **Bahnhof**, von Heinrich Vogeler zusammen mit seinem Mitarbeiter Walter Schulze entworfen

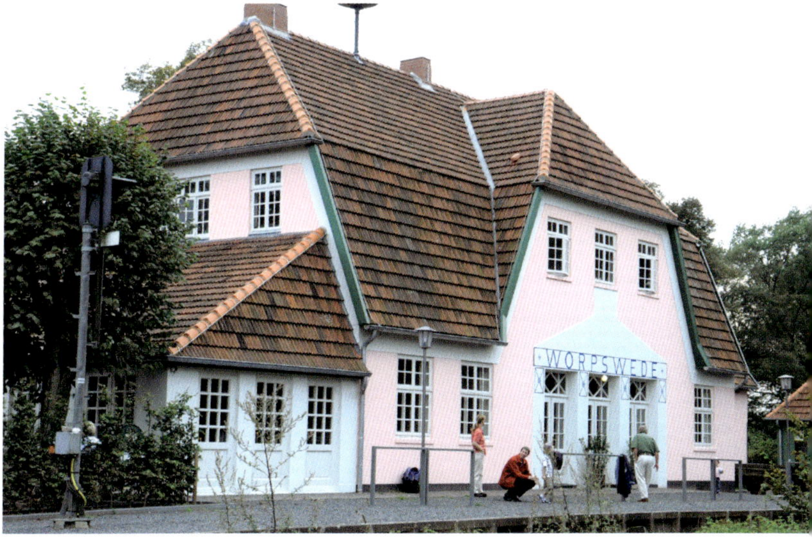

Der von Heinrich Vogeler entworfene Worpsweder Bahnhof

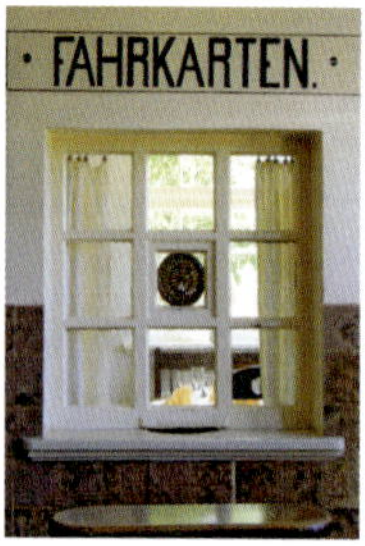

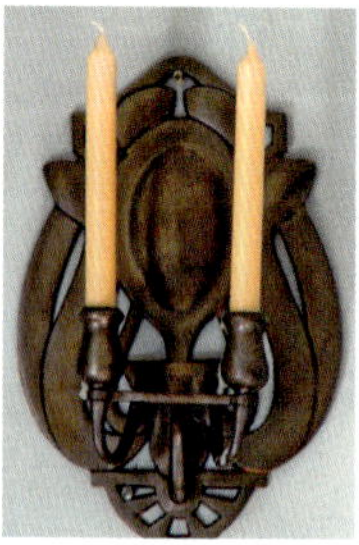

Erinnerungen an frühere Zeiten

und zu Weihnachten 1910 eingeweiht, ist nach wie vor sehenswert. Das Gebäude und die weitgehend erhaltene bzw. rekonstruierte Innenausstattung sind stark vom Jugendstil geprägt. Von den Möbeln bis zur Wandgestaltung mit den Fresken, Tapeten und Bildern geht alles auf Vogeler zurück. Selbst der rosafarbene neue Anstrich soll, so ergaben die restauratorischen Befunde, dem Originalzustand entsprechen.

In den einzelnen Räumen des Bahnhofs, bahnhofsgemäß und der damaligen Zeit angepasst als 1., 2. und 3. Klasse bezeichnet, befindet sich seit Jahren ein Restaurant mit Biergarten.

Wenn Sie etwas mehr Zeit haben und sich etwas Besonderes gönnen wollen, wäre eine Fahrt mit dem **Moorexpress (12)** *zu empfehlen.*

Der Name des Zuges, **Moorexpress**, übertreibt ein wenig. Denn schnell fährt er nun wahrlich nicht, der Express! Dafür sorgt schon der Gleisunterbau einer Strecke, die durch das sogenannte nasse Dreieck zwischen Weser und Elbe führt und in den Sommermonaten sogar Bremen mit Stade verbindet. In der Zeit seiner Entstehung um 1910 verdiente der Express diese Bezeichnung aber durchaus, denn das Maß für Geschwindigkeit setzten Pferdeomnibus oder Torfkahn.

Der Moorexpress, eine »Zugnummer« im Teufelsmoor ›

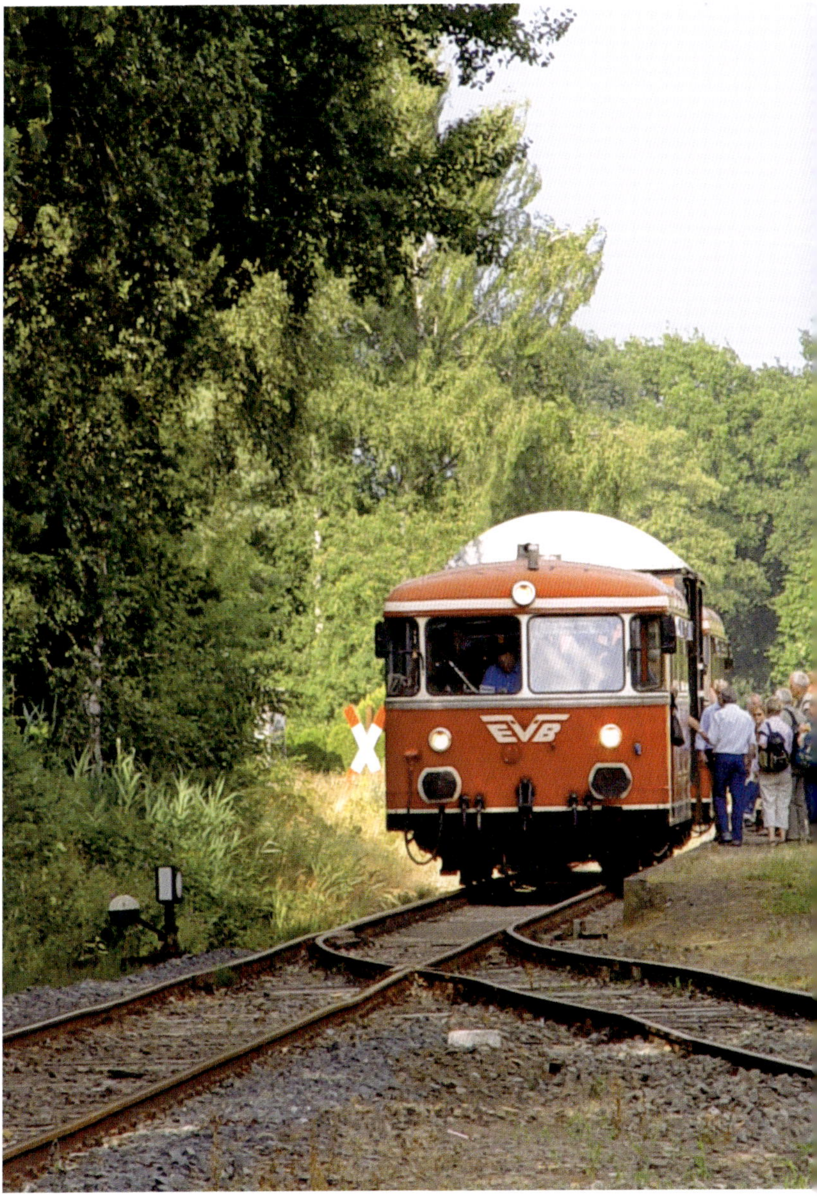
EVB

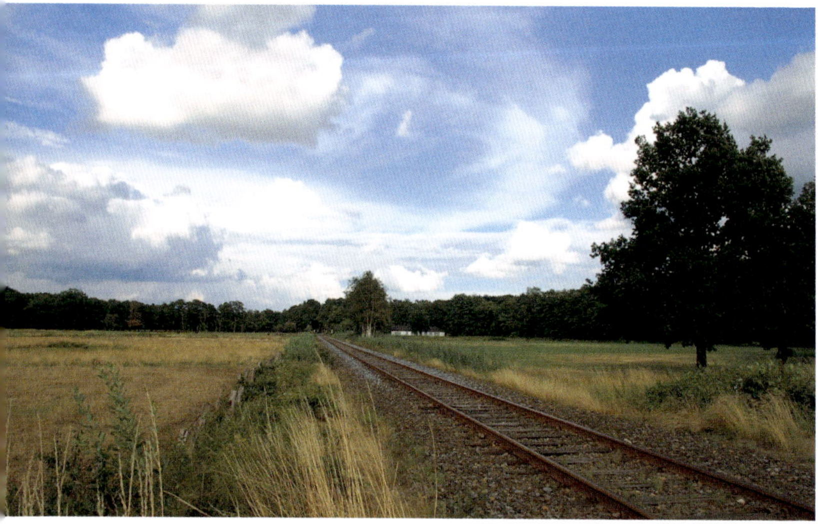

Der Schienenweg des Moorexpresses

Nostalgie pur

Und selbst, wenn er heutigen Vorstellungen in dieser Hinsicht nicht entsprechen mag, so viel ist sicher: Eine Fahrt mit ihm und seinen historischen Triebwagen verspricht Nostalgie pur, viele Informationen (sogar per Audioguide) über Land und Leute – und nicht zuletzt Ausblicke auf eine bezaubernde Landschaft.

Lokal und Galerie ❯

Mit dem Moorexpress können Sie zwischen Mai und Oktober am Samstag, Sonntag und an Feiertagen nach festem Fahrplan fahren. Während des Winters finden Sonderfahrten statt.

Gehen Sie nun vom Bahnhof den Weg zurück in Richtung Rathaus. Vom Rathaus aus müssen Sie jetzt einen kleinen Anstieg durch die Straße Straßentor bewältigen, bis Sie wieder die Findorffstraße sowie nach wenigen Metern links das ***Hotel Worpsweder Tor (13)*** *erreichen. Vorher aber passieren Sie an der Einmündung vom Straßentor in die Findorffstraße linker Hand einen Gebäudekomplex, ein Lokal und eine Galerie.*

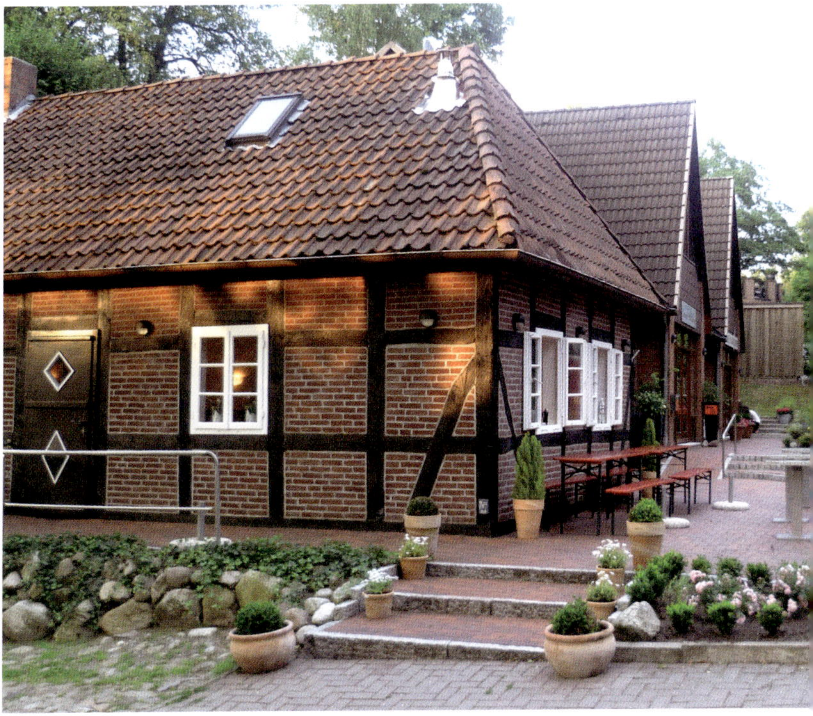

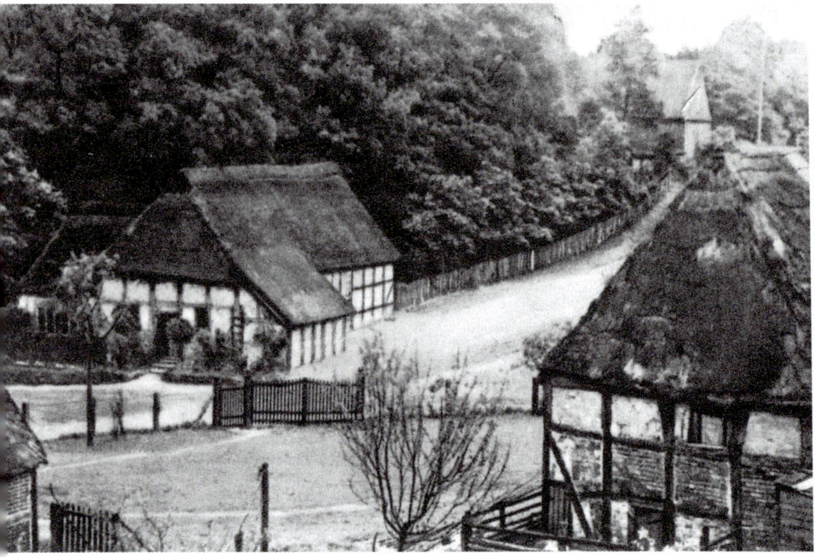

Blick auf die Slottschün

An dieser recht geschichtsträchtigen Stelle befand sich einst die **Slottschün** (niederdeutsch für Schlossscheune), bis zum Abriss das älteste Gebäude Worpswedes aus der Mitte des 17. Jahrhunderts. Als Wirtschaftsgebäude war die Scheune wohl als Teil eines Schlosses geplant, das auf der unweit gelegenen Anhöhe, dem heutigen Findorffberg, gebaut werden sollte. Die Slottschün diente über Jahre den Künstlern als geselliger Versammlungsort. 1938 wurde sie leider abgerissen, weil sie der neuen Straße, die den Ortskern mit einem tiefen Einschnitt versah, im Wege war.

Das **Hotel Worpsweder Tor** ersetzt seit 2002 ein weiteres Haus mit Geschichte. Entstanden aus einer kleinen Brinkkate mit Stellmacherei war Mitte des 19. Jahrhunderts hier in Kirchennähe eine Gastwirtschaft eingerichtet worden. Unter dem Namen Hotel Stadt

London wurde sie allmählich zum »ersten Haus am Platze« und gern besuchten Ausflugslokal. Genauso wie der Club Union, dessen Mitglieder sich vor allem sozialen Aufgaben widmeten, hatten einige der Maler das Haus als zeitweilige Unterkunft bzw. zum Treffpunkt auserkoren. Seine Beliebtheit ließ auch nicht nach, als sein Name nach dem Ersten Weltkrieg in **Hotel Deutsches Haus** geändert wurde.

In der Nähe vom Hotelkomplex mündet rechts die Bergstraße ein. Zusammen mit der Findorffstraße, auf der Sie sich gerade befinden, und der unweit verlaufenden Hembergstraße bilden diese drei Straßenzüge das sogenannte »Goldene Dreieck«.

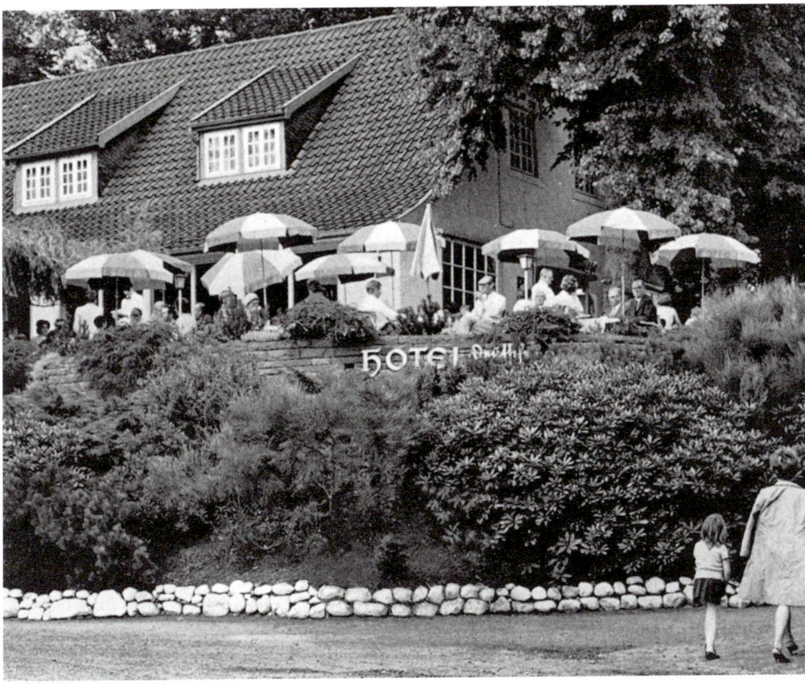

Das Hotel Deutsches Haus in den 1950er-Jahren

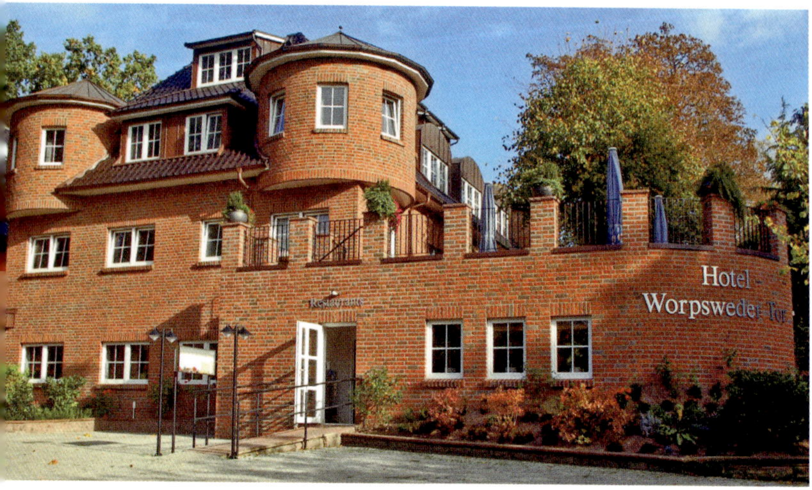

Das Hotel Worpsweder Tor

Bevor Sie aber auf der Bergstraße zum Ausgangspunkt, dem Parkplatz, zurückgehen, werfen Sie bitte noch einen Blick auf das große Backsteingebäude links. Das Haus hat ein jahrelanges Siechtum hinter sich – aber eine interessante Vergangenheit.

1828 als Pfarrwitwenhaus gebaut, erfuhr es seitdem verschiedene bauliche Veränderungen und Nutzungen: Erst war es Wohn- und Geschäftshaus, dann etwa ab dem Ersten Weltkrieg ein Ausstellungsgebäude mit Raum für die moderne Kunst. Die Blütezeit der **»Insel«**, wie das Gebäude seit 1947 hieß, begann mit den Galeristen Lotte und Helmut Cetto. Und sie setzte sich auch nach der Trennung des Ehepaares Anfang der 1950er-Jahre besonders dynamisch fort: mit Lotte Cetto und deren zweitem Ehemann, dem kosmopolitischen Kunstmäzen Klaus Pinkus. Pinkus zehrte von seinen vielfältigen Kontakten zu Intellektuellen und Künstlern, vor allem nach Frankreich. So war es nicht verwunderlich, dass bald Arbeiten z.B. von

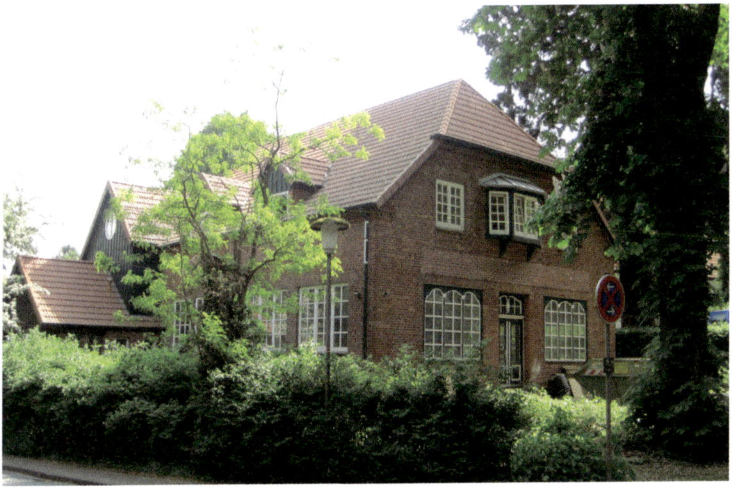

Die »Insel«

Picasso ausgestellt werden konnten. Aber auch viele andere Künstler von Rang und Namen fanden ihre Heimstatt in der »Insel«, darunter Richard Oelze, Horst Janssen, Ernst Fuchs oder Friedrich Meckseper.

Seit den 1990er-Jahren kam es zu anderen Nutzungen, die aber größtenteils nur von kurzer Dauer waren. Es ist zu hoffen, dass in das repräsentative Gebäude bald neues Leben einziehen kann. Ein Anfang ist mit einem kleinen Café gemacht worden.

Spaziergang 3

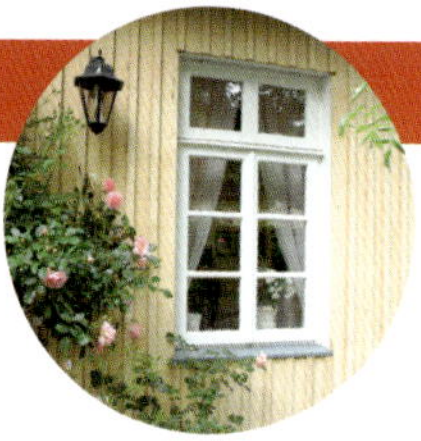

Stationen des Hauptweges:
Künstlerhäuser – Modersohn-Haus – Haus im Schluh
Station des Abstechers:
Kunstcentrum Alte Molkerei

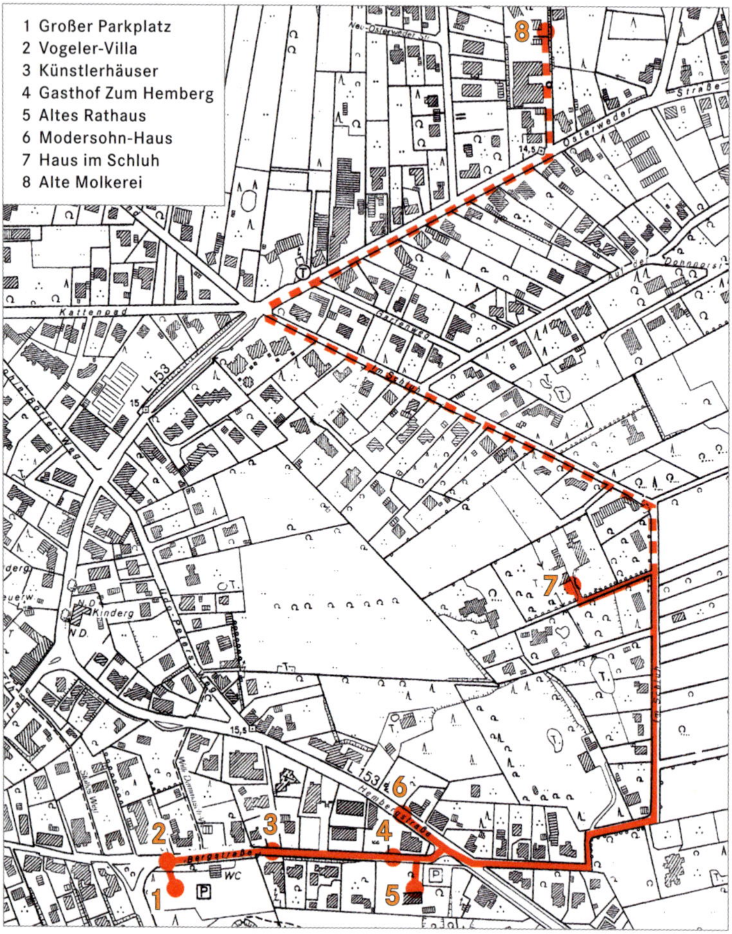

Länge des Hauptweges: etwa 2 Kilometer
Länge mit Abstecher: etwa 4 Kilometer
Der Spaziergang führt ausschließlich über asphaltierte bzw. gepflasterte Straßen oder Bürgersteige ohne nennenswerte Höhenunterschiede.

*Der **Spaziergang 3** beginnt wieder am **großen Parkplatz (1)**. Sie verlassen diesen in Richtung Philine-Vogeler-Haus. Schräg gegenüber in der Bergstraße sehen Sie ein recht imposantes Gebäude mit dem Namenszug **Vogeler-Villa (2)**.*

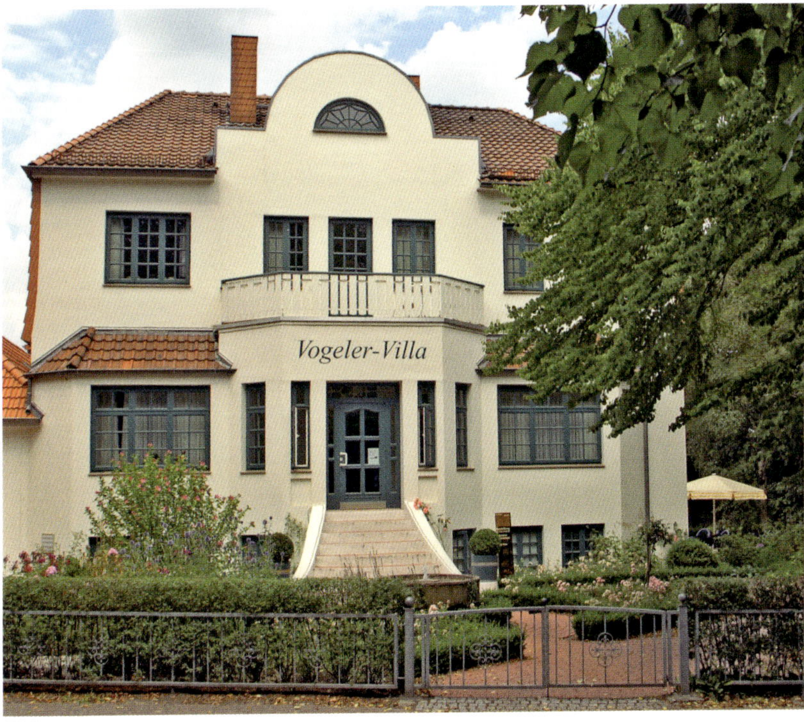

Das von Heinrich Vogeler erbaute Haus: die Vogeler-Villa

Nein, das ist nicht der Barkenhoff, wie mancher Besucher glaubt. Diese Villa, heute ein Seniorenheim, trägt die etwas verwirrende Aufschrift **»Vogeler-Villa«**, weil sie 1905 von Heinrich Vogeler gebaut wurde. Vogeler, ohne eigentliche Ausbildung zum Architekten, begann zu dieser Zeit in einer ersten Schaffenskrise als Künstler, Häuser zu entwerfen. Erster Auftraggeber in Worpswede war der Kaufmann Theodor Garmann, dem er dieses repräsentative Haus mit Laden baute. Im niedrigeren Anbau war ein Eisenwarengeschäft. Nach dem Ersten Weltkrieg kam das Anwesen in den Besitz des Malers Fritz Uphoff (1890–1966), der das Haus wenig später an die Post verpachtete – deshalb wird es in Worpswede auch als Alte Post bezeichnet. Für sich und seine Ehefrau, die Künstlerin Lore Uphoff (1890–1968), ließ er im Garten ein kleineres Haus errichten. Den Ladenanbau nutzten sie als Atelier. Später diente dieser Teil als Wohnung der mit der Familie Uphoff eng verbundenen Tänzerin Erika Vogt (1908–1997), einer Schülerin der berühmten Mary Wigman.

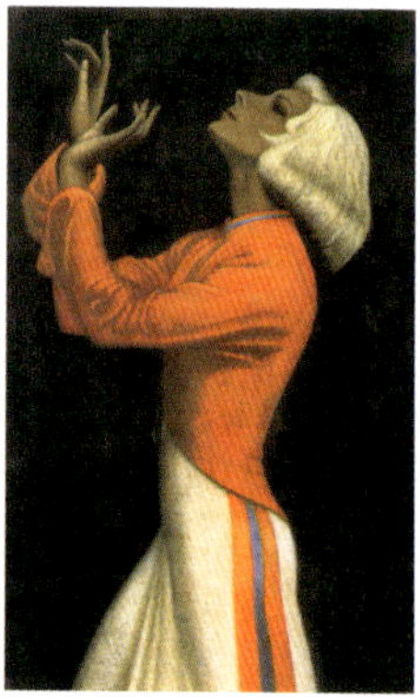

Fritz Uphoff, Die Tänzerin Erika Vogt, 1930

*Gehen Sie jetzt unterhalb des Parkplatzes die Bergstraße nach rechts. Am anderen Ende des Parkplatzes fallen sowohl an der linken als auch an der rechten Seite Häuser durch ihre besondere Architektur auf. Drei der vier hier zu sehenden **Häuser** wurden für **Künstler (3)** gebaut.*

Auf verschiedenen freien Grundstücken in der heutigen Bergstraße entwarfen bekannte Worpsweder Architekten nach 1900, als weitere Künstler nach Worpswede kamen, sehenswerte **Künstlerhäuser**. Besonders hervorstechend ist die städtisch anmutende Villa an der

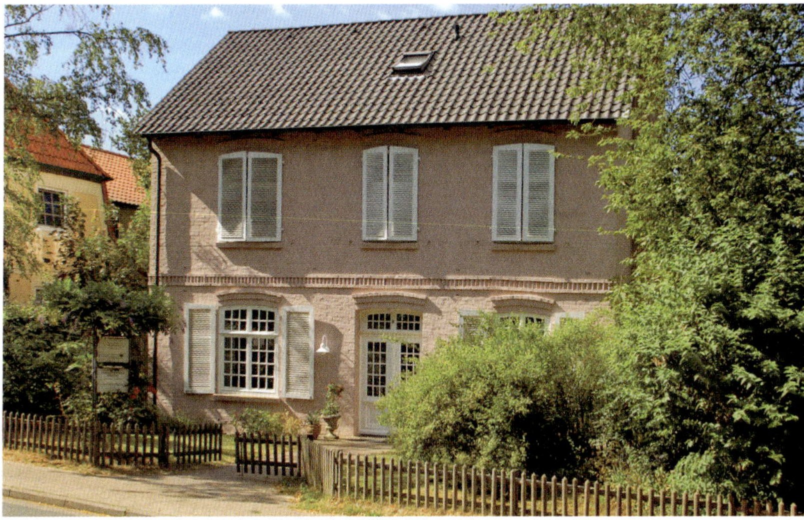

Die Lichtenford-Villa in der Bergstraße

linken Seite der Bergstraße. Auffällig sind ihre Fassadengestaltung mit dem geschosstrennenden Ziegelfries, die kleinteilige Versprossung bei Fenstern und Tür, die Fensterläden und nicht zuletzt ihr Anstrich. Emmy Meyer (1866–1940), eine Malschülerin Otto Modersohns, hatte sich dieses Haus 1899/1900 wahrscheinlich von dem Worpsweder Maurermeister Kück – wegen der vielen Kücks im Ort als Techniker-Kück bekannt – entwerfen und bauen lassen. Sie lebte hier mit ihrer Hausdame Fräulein Remmer, die aus der bekannten Bremer Brauereifamilie

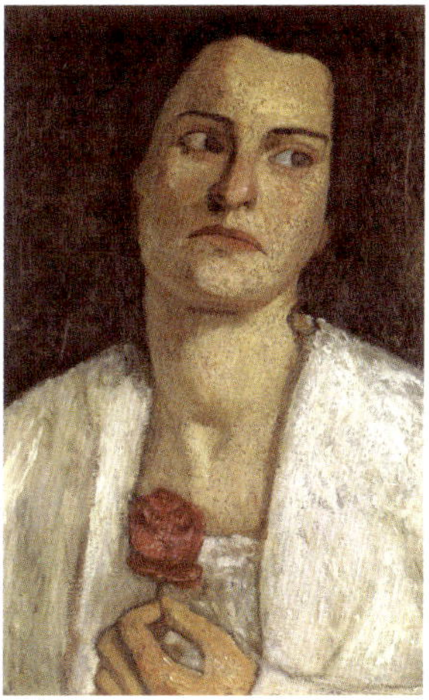

Paula Modersohn-Becker, Porträt von Clara Rilke-Westhoff, 1905

stammte. Im Jahre 1905 waren hier zwei prominente Gäste einquartiert: Seit dem Frühjahr wohnte Clara Rilke-Westhoff im Hause und während der Ostertage erhielt sie Besuch von ihrem Ehemann Rainer Maria Rilke, der an seinem »Stunden-Buch« arbeitete.

Nach dem Tod von Emmy Meyer und ihrer Hausdame erwarb das Künstlerehepaar Alfred und Eva Lichtenford die Villa. Zu dieser Zeit war auch der berühmte Schriftsteller Gottfried Benn hier mehrmals zu Gast. Die steile Treppe im Haus wäre ihm eines Tages fast zum Verhängnis geworden.

Auf der rechten Straßenseite, direkt am Eingang zum heutigen Parkplatz, entstand 1909/10 für die Künstlerinnen Sophie Wencke (1874-1963) und Clara Wencke (1879-1969) ein reich mit vor- und zurückstehenden Baukörpern versehenes Haus - heute das Bistro Café Central. Hierbei war der Mitarbeiter von Heinrich Vogeler, Alfred Schulze, wahrscheinlich beratend tätig. Dagegen gilt als ge-

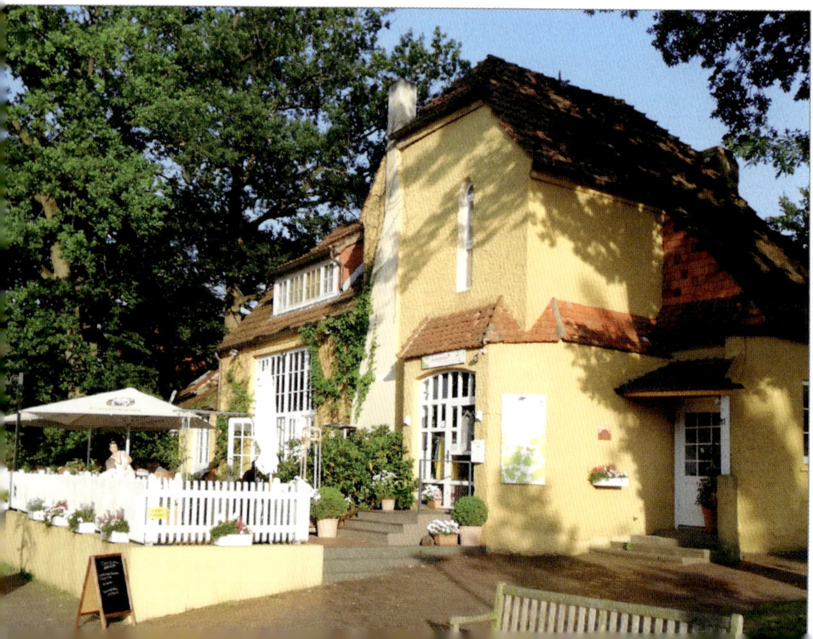

sichert, dass er das mit einer symmetrisch gegliederten Fassade und Mansarddach versehene Haus schräg links gegenüber entworfen hat. Wegen seiner Architektur wurde Schulze dafür sogar mit einem Preis des damaligen Verschönerungsvereins bedacht.

In unmittelbarer Nachbarschaft des Wencke-Hauses entstand ebenfalls 1909/10 nach den Plänen Heinrich Vogelers das Haus mit Atelier für den Maler Wilhelm Bartsch (1871–1953). Bestimmendes Element des giebelständigen Wohntrakts ist die Eingangstür. In Größe und Form orientiert sie sich an der »Grotdör« niedersächsischer Bauernhäuser. Nach Westen hin fügt sich quer der Atelieranbau mit Satteldach an, in dem noch das große nordseitige Oberlicht zu sehen ist.

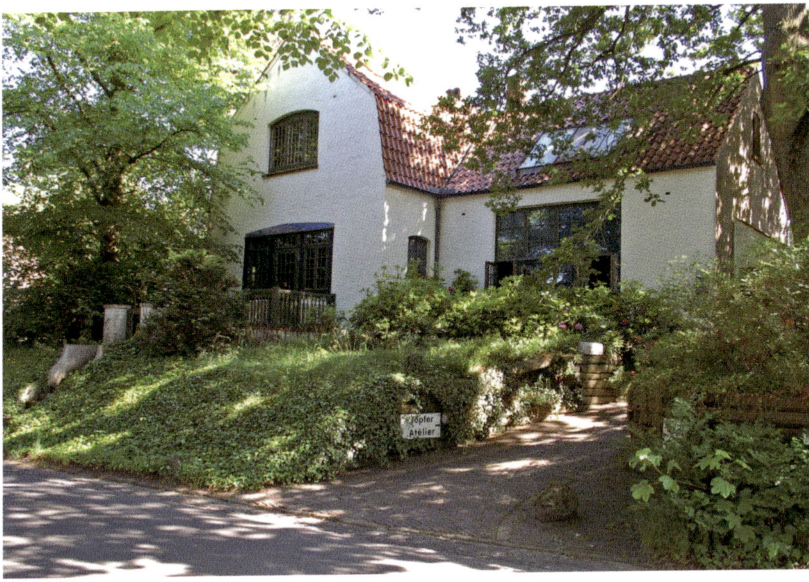

Das Haus des Malers Wilhelm Bartsch

❮ Das Haus der Künstlerinnen Sophie und Clara Wencke

Der Bau korrespondiert spiegelbildlich mit dem benachbarten Haus der Wencke-Schwestern. Heute befindet sich hier die Töpferei (mit Atelier) von Steffen Bockstaller, in der man gern willkommen geheißen wird.

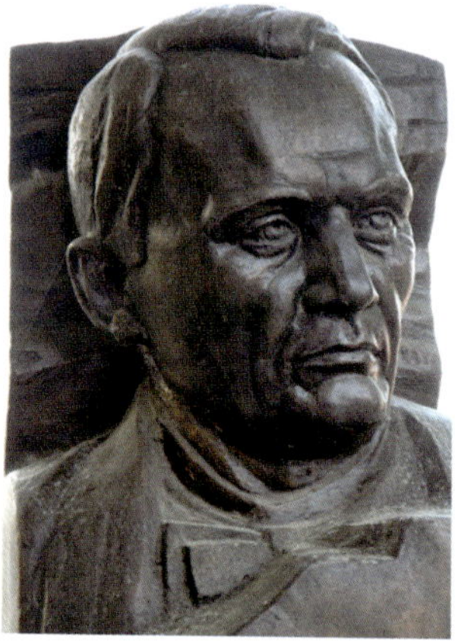

Bronzenes Porträt Heinrich Vogelers von Anatoli Bilyk

Auf dem Gelände der Volksbank Worpswede ist seit 2010 eine Bronzebüste zu sehen, die den älteren Heinrich Vogeler zeigt. Die Büste ist das Duplikat eines Werks des Künstlers Anatoli Bilyk, der im fernen Karaganda in Kasachstan lebt, wo Heinrich Vogeler 1942, von den Sowjets zwangsevakuiert, in ärmlichen Verhältnissen starb. Das Original wurde 1999 im Beisein einer Worpsweder Delegation in Karaganda aufgestellt.

An der Einmündung der Bergstraße in die quer verlaufende Hembergstraße stehen zwei weitere bemerkenswerte Häuser: links der ***Gasthof Zum Hemberg (4)*** *und rechts etwas zurückversetzt das sogenannte* ***Alte Rathaus (5)****.*

Den **Gasthof Zum Hemberg**, ein lang gestreckter Bau mit Krüppelwalm, baute Heinrich Vogeler 1909/10 für seinen Schwager Friedrich Schwiebert. Dieser war als junger Mann aus seinem Heimatort Westerwalsede bei Rotenburg/Wümme – wie viele seiner Altersgenossen – nach Amerika ausgewandert. In Savannah/Georgia hatte er die aus Worpswede stammende Gesine, eine ältere Schwester von Martha Schröder, der späteren Martha Vogeler, kennen- und liebengelernt. Die beiden kamen 1896/97 mit ihren Kindern nach Worpswede, um sich

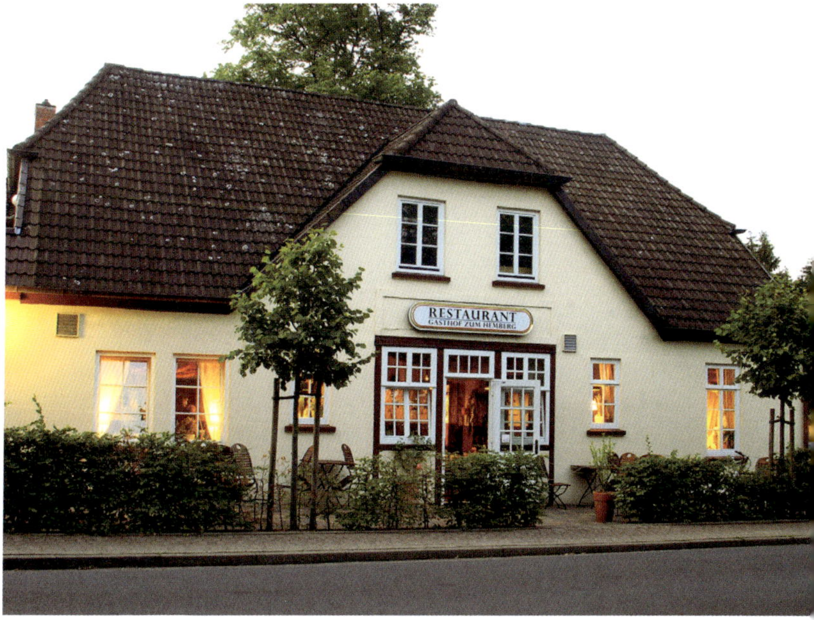

Der Gasthof Zum Hemberg

hier mit Hilfe ihres angesehenen Schwagers Heinrich Vogeler eine neue Existenz als Gastwirte aufzubauen. Das Haus enthält im Inneren noch manchen Hinweis auf diesen familiären Hintergrund seines ehemaligen Eigentümers, vor allem Mobiliar aus dieser Zeit. Der Bau ähnelt in Grundriss und Form einem niedersächsischen Bauernhaus, für Heinrich Vogeler als Vorsitzender des Verschönerungsvereins Worpswede ein wesentlicher Beitrag zur Erhaltung des bäuerlich geprägten Dorfbildes.

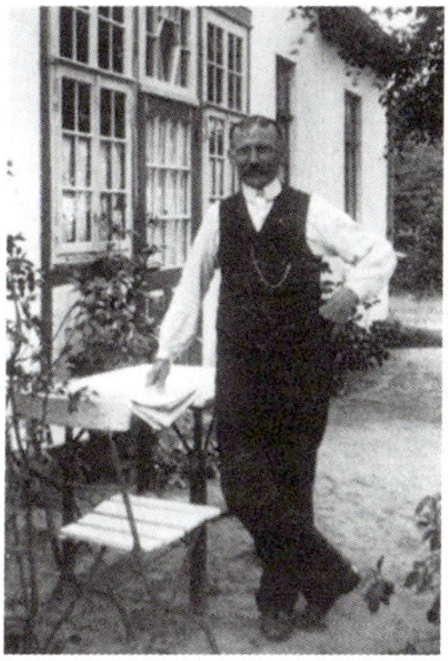

Friedrich Schwiebert

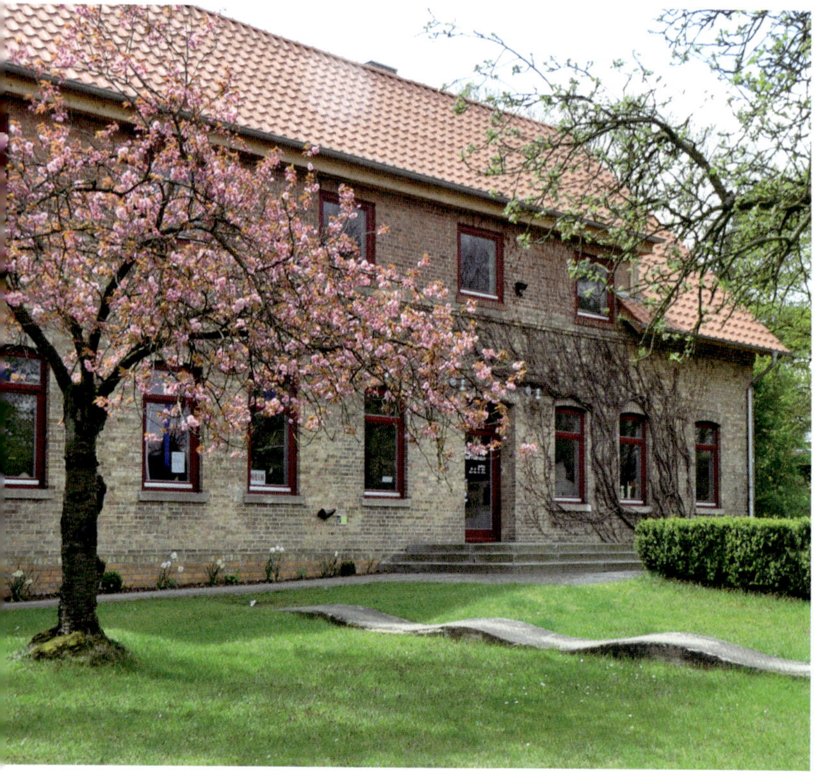

Das Alte Rathaus

Das heute so bezeichnete **Alte Rathaus** steht auf einer kleinen Hofstelle, die sich dort im frühen 19. Jahrhundert – damals noch ganz am Rande des Dorfes gelegen – ein Brinkkötner eingerichtet hatte. 1885 wurde diese zunächst an einen Arzt, 1889 an den Armenverband der Samtgemeinde Worpswede verkauft. Dieser ließ die Bauernkate abreißen und das heute noch erhaltene Gebäude als »Armen- und Arbeitshaus« errichten. In ihm fanden die Ärmsten der Armen, darunter Frauen mit unehelichen Kindern, Waisenkinder, behinderte Menschen, auch mancher »Tippelbruder« eine vorübergehende Bleibe. Da einige Ländereien dazugehörten, waren die Bewohner zur Arbeit angehalten. Einiges aus dem Grundbesitz wurde im Laufe der Zeit verkauft, unter anderem die Grundstücke, auf denen die zuvor beschriebenen Künstlerhäuser der Wencke-Schwestern und des Malers Bartsch entstanden.

Die nach 1889 ins Dorf gekommenen Maler fanden im Armen- und Arbeitshaus für ein geringes Entgelt ihre Modelle. Vor allem wenn Aktstudien vorgesehen waren, gab es manche Verweigerung. Aber auch das lange Stillsitzen erregte viel Unmut. Für die nötige Geduld mussten mitunter ein paar Groschen mehr gezahlt werden. Und so kann man den Menschen von damals noch heute begegnen, zum Beispiel in den Bildern der jungen Paula Becker: der alten, dickbäuchigen Anna Schröder, wegen ihres Stocks »Dreebeen« (Dreibein) genannt; der steinalten Adelheid Böttcher, die alle als die »olle Olheit« kannten; dem auf den Hund gekommenen Alten von Bredow.

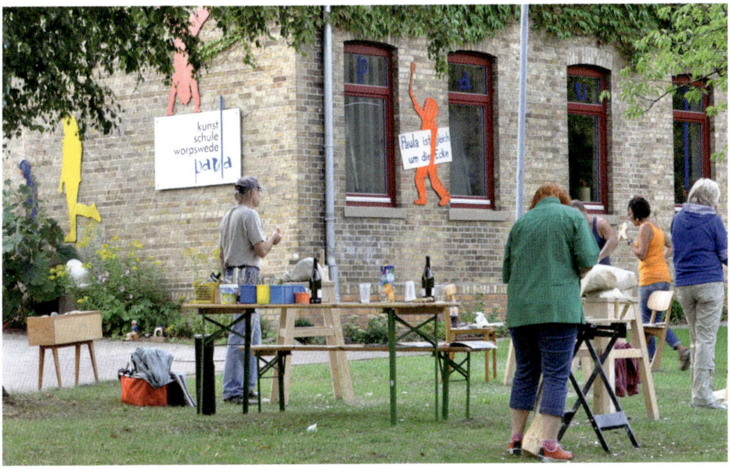

Die Kunstschule Paula im Alten Rathaus

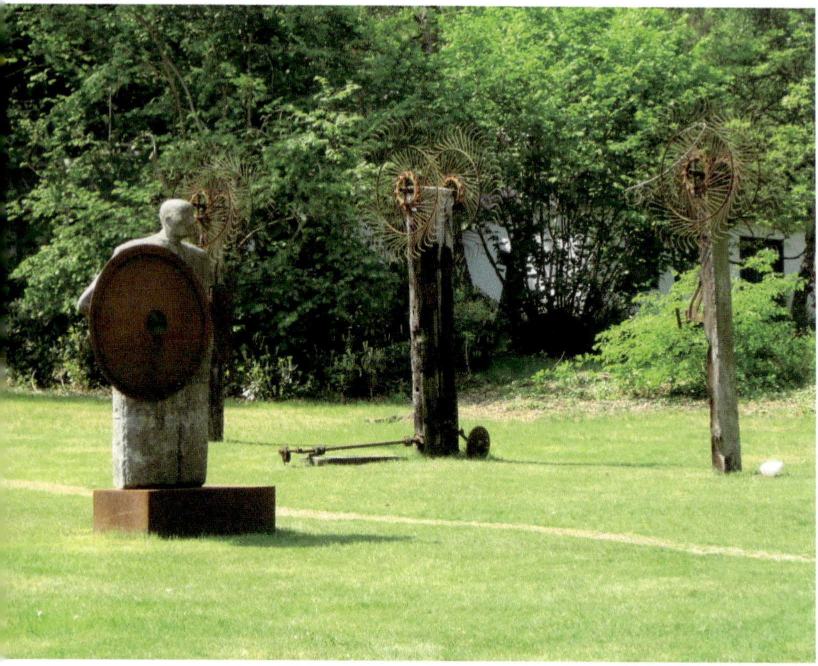

Kunstobjekte am Alten Rathaus

Von den 1920er-Jahren an diente das Haus als Pflege- und Altersheim des Landkreises Osterholz, vor dem Umzug der Gemeindeverwaltung in den Bötjer-Hof in der Bauernreihe zwischen 1972 und 1988 auch als Worpsweder Rathaus. Daher der heutige Name Altes Rathaus. Heute sind darin unter anderem die Kunstschule Paula, Ausstellungsräume der Kommunalen Galerie der Gemeinde Worpswede und das Ortsarchiv untergebracht. Auf dem Außengelände sind einige Kunstwerke aktueller Worpsweder Künstler zu bewundern.

Kunstobjekt am Alten Rathaus ❯

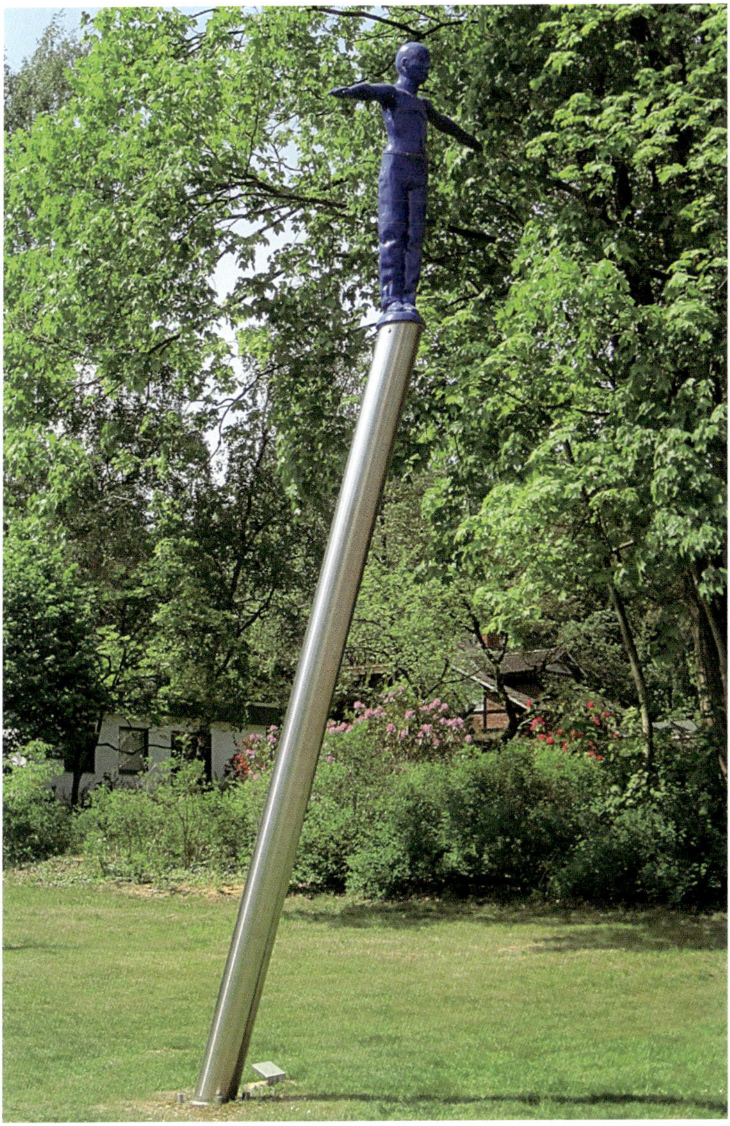

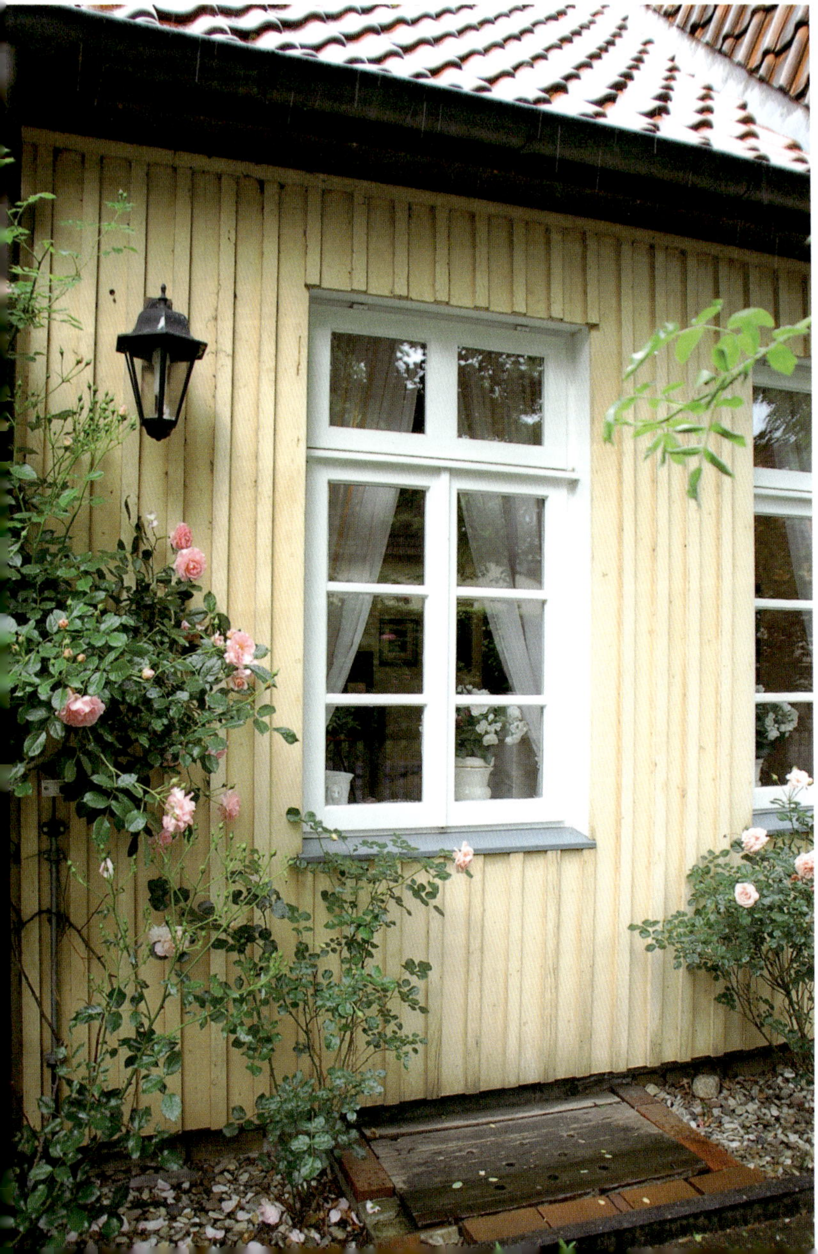

Wenn Sie die Hembergstraße überqueren und wenige Schritte nach links gehen, gelangen Sie zum ***Modersohn-Haus (6)*** *mit dem darin befindlichen Museum.*

Ab 1897 war das **Modersohn-Haus** in der Hembergstraße die Wohnstätte von Otto Modersohn (1865–1943). Der Maler hatte das kleine Haus als Heim für sich und seine erste Ehefrau Helene gekauft. Sein Atelier verblieb jedoch in der ehemaligen Pastorenscheune unterhalb der Kirche (siehe Spaziergang 4). Ab 1901 – Helene war im Juni 1900 gestorben – bewohnte er das Haus zusammen mit seiner zweiten Frau, Paula Modersohn-Becker. Obwohl es vor Paulas Einzug Um- und Ausbauten erfahren hatte, schmiedete sie zahlreiche Pläne zur weiteren Umgestaltung von Haus und Garten. Am liebsten aber hätte sie an seiner Stelle ein gemütliches Bauernhaus bewohnt.

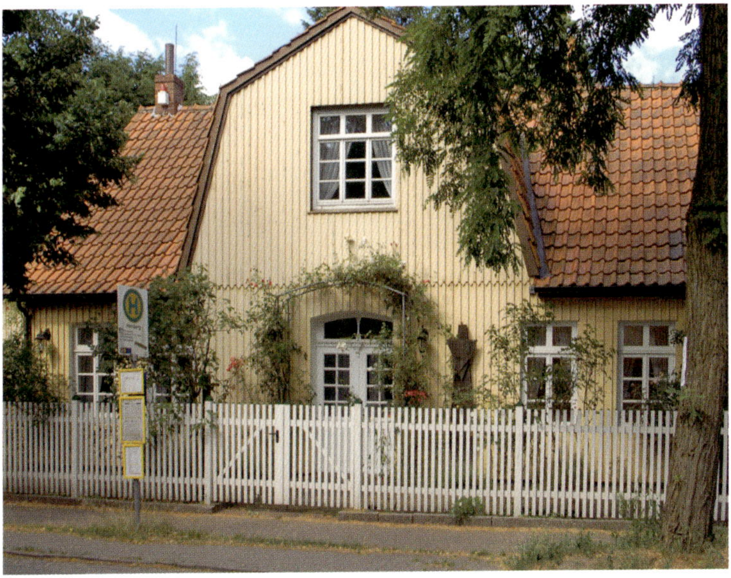

Das ehemalige Wohnhaus von Paula und Otto Modersohn (links eine Teilansicht)

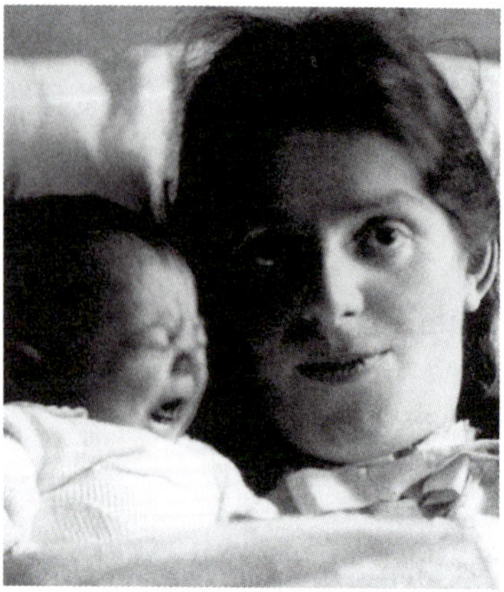

Paula mit Mathilde (Tille), 1907

Niemand konnte damals ahnen, dass das gemeinsame Leben der beiden Künstler und der kleinen Elsbeth, Otto Modersohns Tochter aus erster Ehe, in diesem Haus jäh zu Ende gehen würde. Am 20. November 1907, wenige Tage nach der Geburt der Tochter Mathilde, starb Paula 31-jährig an einer Embolie. War es vielleicht doch eine Vorahnung, die die begnadete Malerin in ihrem Tagebuch festhielt, als sie im Juli 1900 schrieb: »Ich weiß, ich werde nicht sehr lange leben.« Damals tröstete sie sich mit den Fragen: »Aber ist das denn traurig? Ist ein Fest schöner, weil es länger ist?«

Otto Modersohn kehrte Worpswede 1908 den Rücken, um in das beschaulichere Fischerhude zu gehen. Das Haus verkaufte er aber erst 1920, nachdem er im Ersten Weltkrieg noch einmal für fast zwei Jahre zurückgekehrt war.

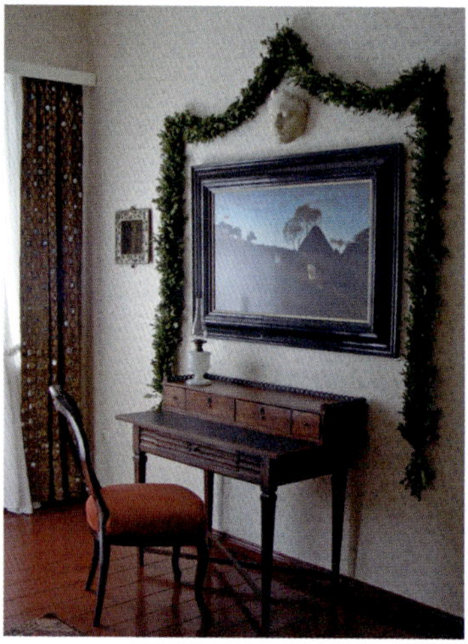

Paulas Schreibtisch

Ein Besuch des Hauses ist dennoch fast ein Besuch beim Ehepaar Modersohn: Da sind Paulas Schreibtisch und viele kleine persönliche Gegenstände. Da ist ihr Sterbezimmer. Und natürlich sind einige Gemälde zu sehen. Denn

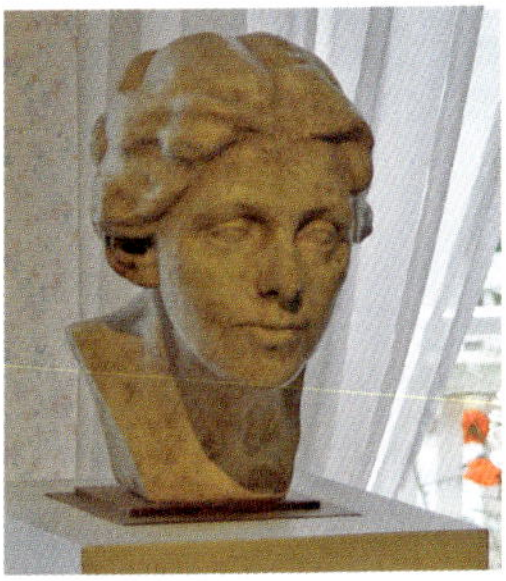

Clara Westhoff,
Büste von Paula, 1899

dem Haus ist heute, von außen kaum zu erkennen, auf zwei lichtdurchfluteten Ebenen ein Museumsbau angegliedert. In ihm werden die seit 1950 zusammengetragenen Gemälde der Worpsweder Künstler in der Sammlung Bernhard Kaufmann präsentiert.

Das Haus nebenan - heute befindet sich darin ein Eiscafé - beherbergte um 1900 im Dachgeschoss das Atelier der Malerin Ottilie Reylaender. Auch sie war Malschülerin von Fritz Mackensen. Nach Reylaenders Weggang aus Worpswede übernahm zeitweise die junge Paula Becker das Atelier, bevor sie mit Otto Modersohns Hilfe das Zimmer bei Brünjes in ihr Atelier umwandelte. Später arbeitete hier der Schwiegersohn Heinrich Vogelers, der Maler und Architekt Walter Müller.

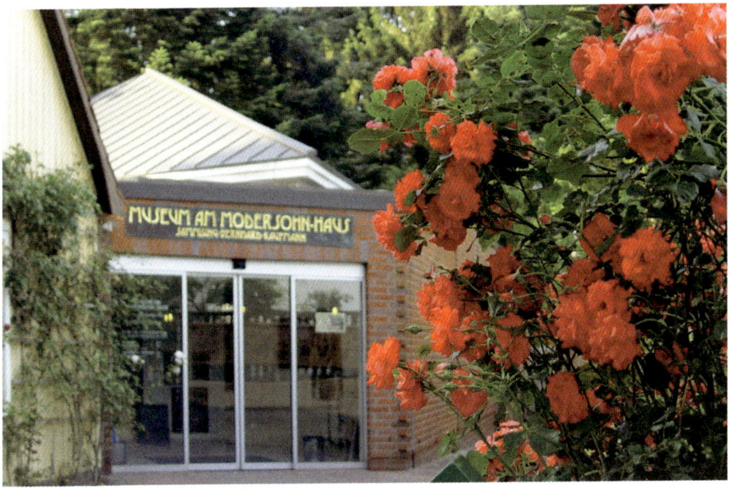

Der Eingang zum Museum am Modersohn-Haus

Das kleine Haus rechts daneben weist nicht nur einen auffälligen weinroten Farbanstrich auf, zu ihm gibt es auch eine nette Worpsweder Anekdote. Dieses Haus erbaute Johannes Belz mit dem Geld, das er 1895 von Heinrich Vogeler für das Grundstück und die Kate des späteren Barkenhoffs erhalten hatte. Und hierin wohnte zwischen 1948 und 1955 die Schriftstellerin Ursula Ziebarth. Sie war durch freundschaftliche Beziehungen zur Vogeler-Familie nach Worpswede gekommen und bekam dort 1954/55 regelmäßig prominenten Besuch von einem der bedeutendsten deutschen Lyriker, von Gottfried Benn, dessen (späte und verschwiegene) Geliebte sie war.

Wenn Sie weitergehen, kommen Sie nach wenigen Schritten an die links einmündende Straße Im Schluh. Diese führt Sie nach etwa 600 Metern zum ***Haus im Schluh (7)****.*

Nach dem Scheitern ihrer Ehe erwarb der jüdische Kaufmann Paul Lehmann für Martha Vogeler 1919 im Schluh (niederdeutsch für »sumpfiges Gelände«) am Rande des Dorfes neun Morgen Ödland. Große Mengen Sand mussten aufgeschüttet werden, damit dort ein altes niedersächsisches Bauernhaus aufgestellt werden konnte. Im benachbarten Lüningsee hatte es auf Abbruch bereitgestanden. 1920 bezog Martha Vogeler das **Haus im Schluh** zusammen mit ihren Töchtern Marie Luise (Mieke), Bettina und Martha (Mascha).

Dabei ist die Bezeichnung »Haus im Schluh« genau genommen nicht ganz korrekt. Der Besucher kann nämlich zwei schöne Bauernhäuser sowie ein drittes Haus, ein 1920 neu errichtetes Nebengebäude, bewundern. Das Haus wurde über Jahre als Wirtschaftsgebäude genutzt; heute dient es als Gästehaus. Das zweite Bauernhaus kam 1937/38 aus dem nahen Grasdorf dazu. In ihm wurden die Weberei und ein Ausstellungsraum untergebracht, außerdem konnte die Angebotspalette verbreitert werden: Gobelins, Puppen mit handgefertigter Trachtenkleidung und Goldschmiedearbeiten entstanden. Und nicht zuletzt gab hier Martha Vogeler ihre Kenntnisse an viele Mädchen weiter.

Möbel und bäuerlicher Hausrat, Bilder aus dem Barkenhoff, auch Heinrich Vogelers Bibliothek fanden hier eine neue Bleibe. Die Herstellung und der Verkauf von Webarbeiten sowie die Bewirtung von Pensionsgästen schufen eine (freilich schwache) wirtschaftliche Basis für Martha Vogeler und ihre beiden in Worpswede verbliebenen Töchter Mascha und Bettina, die nach dem Tod der Mutter (1961) deren Arbeit in der Handweberei und Pension weiterführten. Heute lebt und arbeitet hier die vierte Generation der Vogelers.

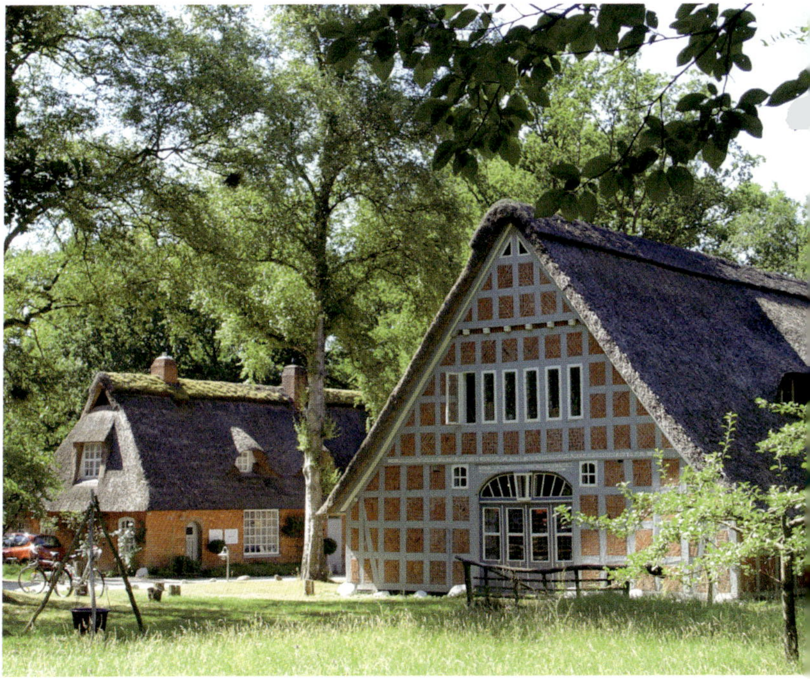

Das Gebäudeensemble Haus im Schluh

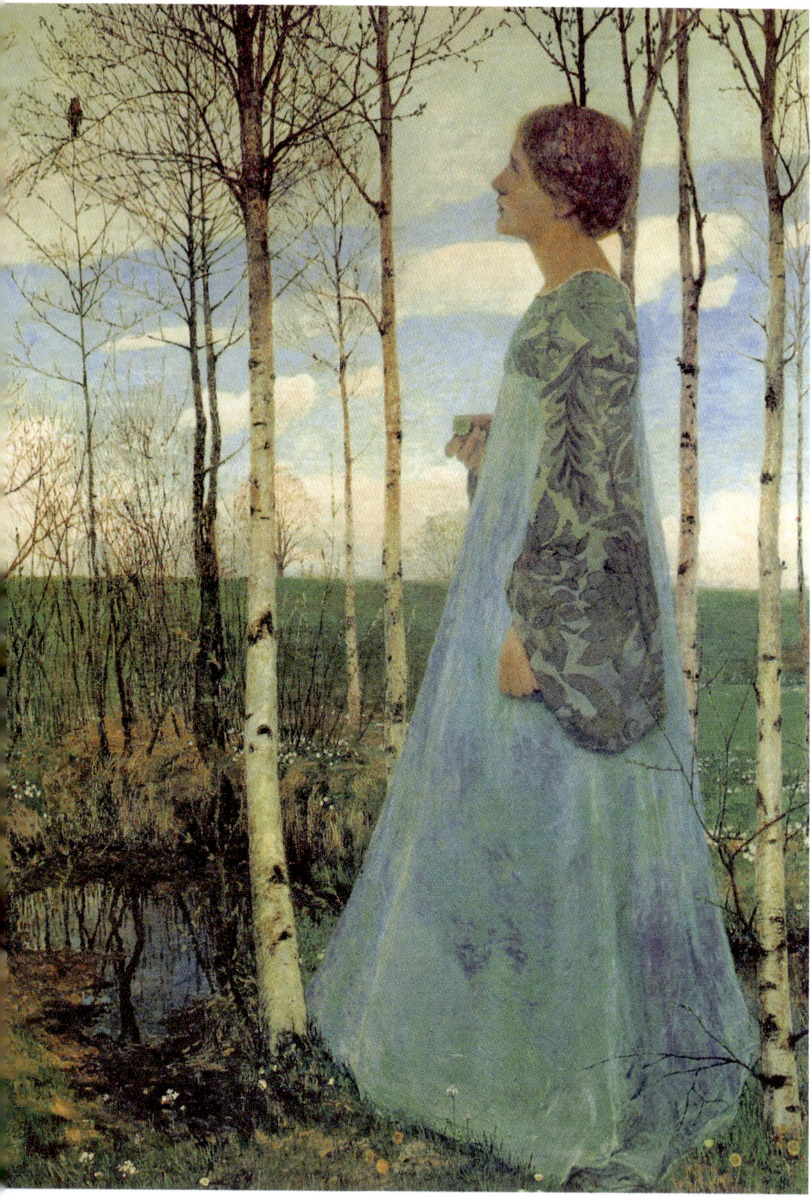

Wie vormals der Barkenhoff war der Schluh seit jeher ein Ort der Begegnung. Viele Worpsweder Künstler fanden hier auf Zeit, einige auf Dauer eine Unterkunft, unter anderen der Schriftsteller Manfred Hausmann, die Grafiker Martin und Eva Kausche, der Expressionist Richard Oelze, der Kunsthistoriker Hans-Herman Rief. Aber auch berühmte Persönlichkeiten von außerhalb genossen die Gastfreundschaft, so in jüngerer Zeit der Regisseur Peter Zadek, der Schriftsteller Lew Kopelew oder die Schriftstellerin Hilde Domin.

Die schon verschiedentlich erwähnten baulichen Maßnahmen in den Jahren 2011 bis 2013 führten im Schluh dazu, dass zum einen die Handweberei von Grund auf erneuert und mit einem Erweiterungsbau versehen wurde und zum anderen das vorn gelegene Pensionshaus saniert und noch attraktiver gemacht werden konnte.

Gehen Sie von hier aus den Weg in umgekehrter Richtung zurück, falls Sie nicht den folgenden ***Abstecher*** *wahrnehmen wollen. Dieser (siehe die gestrichelte Markierung auf dem Kartenausschnitt) führt Sie etwa 600 Meter die Straße Im Schluh weiter bis zur Einmündung in die Osterweder Straße. Nach weiteren 400 Metern in Richtung Ortsausgang und vorbei am Hans-am-Ende-Weg kommen Sie links zum* ***Kunstcentrum Alte Molkerei (8)****. Der Spaziergang dorthin ist für all jene besonders lohnenswert, die auf engem Raum Einblicke in die aktuelle Kunstszene Worpswedes erhalten möchten.*

Fern vom Trubel und der Geschäftigkeit der Ortsmitte um das sogenannte »goldene Dreieck« von Berg-, Hemberg- und Findorffstraße herum ist hier auf dem Gelände der ehemaligen Molkerei auf dichtem Raum eine interessante Kunstoase entstanden, das **Kunstcentrum**

‹ Heinrich Vogelers Gemälde Frühling, 1897, hängt im Haus im Schluh

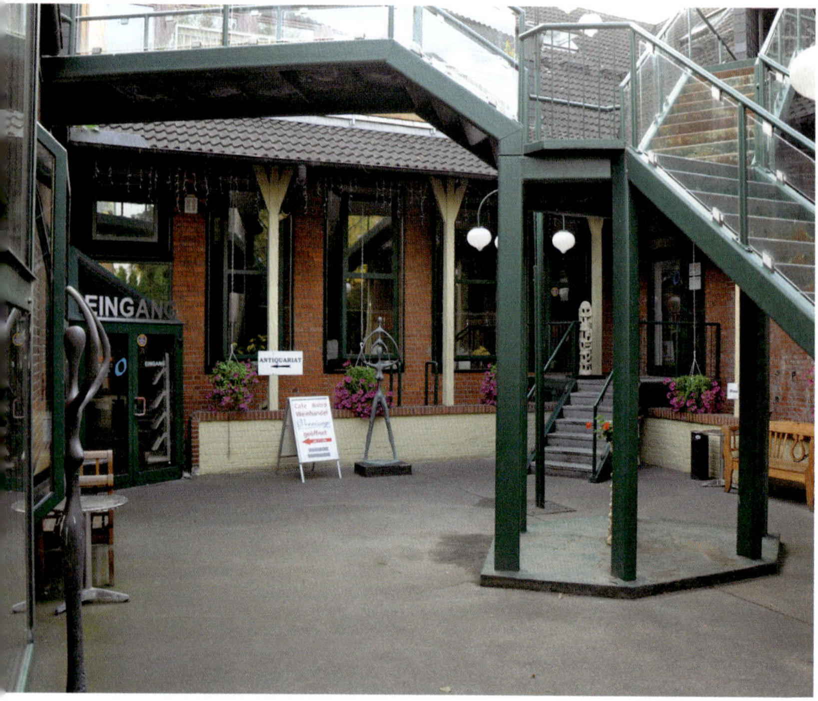

Das Kunstcentrum Alte Molkerei

Alte Molkerei. Milch und Käse wurden 1979 durch Kunst abgelöst. Dabei blieb der Komplex angesichts seiner randständigen Lage und innerer Schwierigkeiten nicht immer frei von Turbulenzen. Im heutigen Kunstcentrum vereinigen sich mehrere Galerien und Ateliers sowie eine Malschule, dazu noch ein Antiquariat, Restaurants sowie ein kleines Theater. Die Besucher haben hier die Möglichkeit, zeitgenössischen Künstlern über die Schulter zu schauen, das Entstehen interessanter Werke mitzuerleben sowie diese auch zu erwerben.

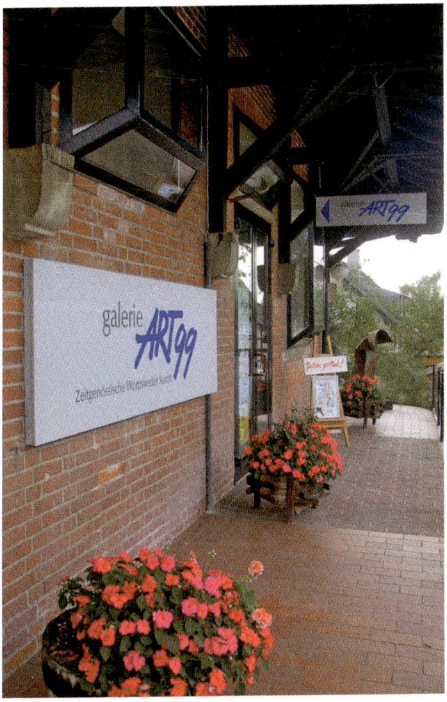

Ausstellungsräume für zeitgenössische Kunst

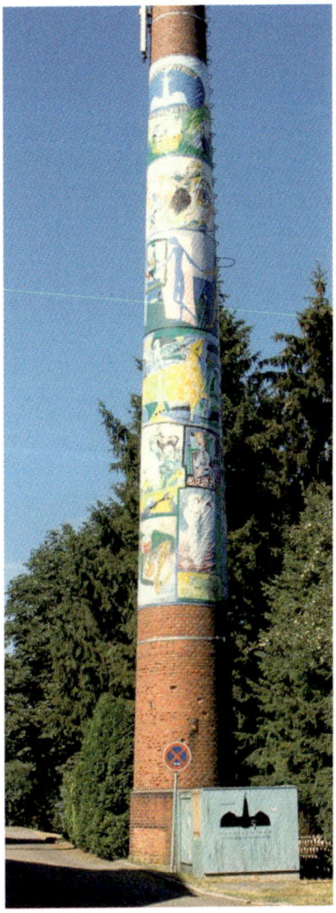

Erinnerung an die Molkerei

Für den Rückweg können Sie denselben Weg nutzen, der Sie zum Kunstcentrum geführt hat. Alternativ bietet sich der (zumindest anfangs weniger attraktive) Rückweg über die Osterweder Straße, Findorffstraße und Hemberg- bzw. Bergstraße an. In der Bergstraße gelangen Sie auch wieder zum Ausgangspunkt des Spaziergangs, dem großen Parkplatz.

Spaziergang 4

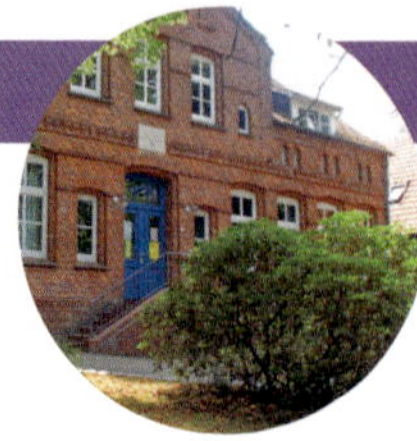

Stationen des Hauptweges:
Worpsweder Kunsthalle – Friedhof – Zionskirche
Stationen des Abstechers:
Findorff-Denkmal – Mackensen-Haus

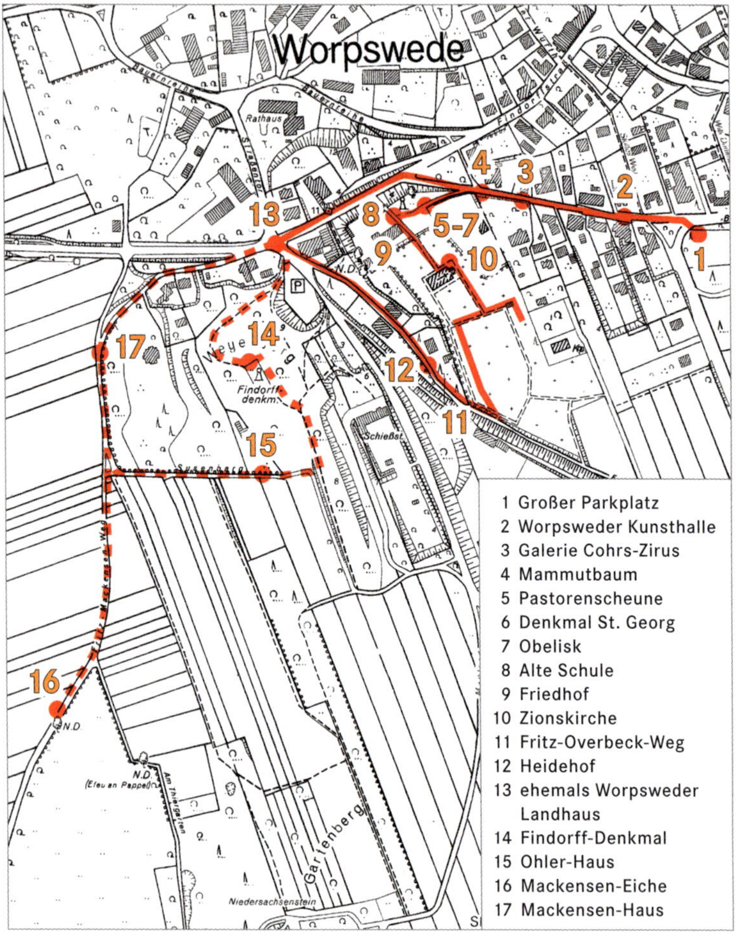

Länge des Hauptweges: etwa 1,7 Kilometer
Länge mit Abstecher: etwa 3 Kilometer
Der Spaziergang führt bis zur Kirche über die neu gepflasterte Bergstraße, vom Friedhof aus sowie beim gesamten Abstecher aber über Sand- und Waldwege mit Steigungen und Gefälle, was für Gehbehinderte beschwerlich ist.

*Der **Spaziergang 4** beginnt wieder am **großen Parkplatz (1)** an der Bergstraße. Er führt an der Gästeinformation, dem Philine-Vogeler-Haus, vorbei zur benachbarten **Worpsweder Kunsthalle (2)**.*

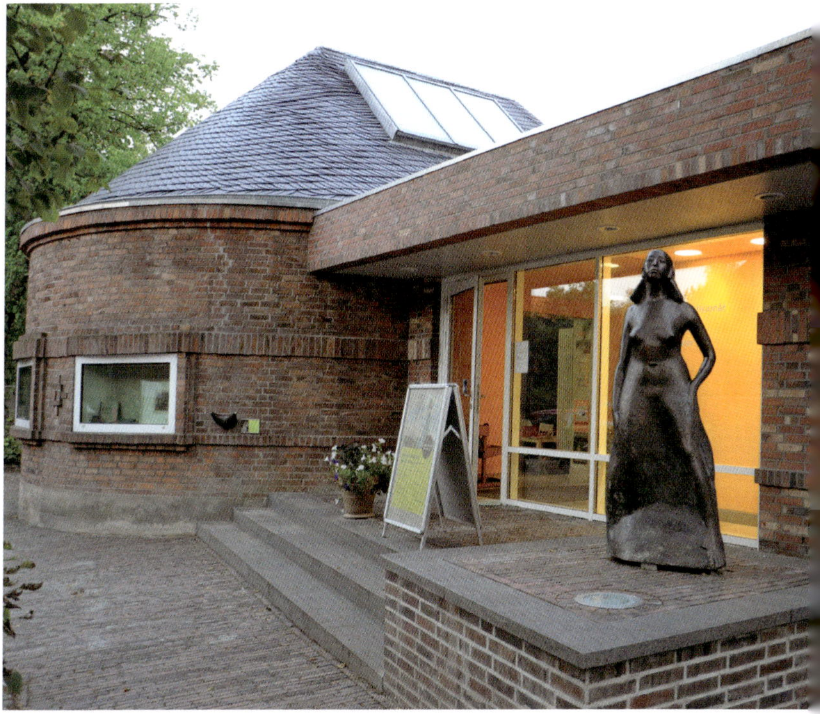

Die Worpsweder Kunsthalle Netzel

Die **Worpsweder Kunsthalle** ist die älteste noch bestehende Galerie am Ort. Gegründet von der Familie Netzel präsentiert sie an dieser Stelle seit 1925 eine umfangreiche Sammlung Worpsweder Kunst. Im Stammhaus Netzel an der heutigen Findorffstraße konnten aber auch schon die ersten Künstler ihre Werke präsentieren. Der Buchbindermeister Friedrich Netzel, der 1879 aus Hannover nach Worpswede gekommen war und früh enge Kontakte zu den örtlichen Künstlern hatte, stellte ihnen zunächst sein Ladengeschäft, angrenzende Räume und das Treppenhaus zur Verfügung. Das Anliegen war seit jeher, neben den Künstlern der Gründergeneration auch den Vertretern der jeweiligen Gegenwart genügend Raum zu geben. So gelang es beispielsweise, den Worpsweder Expressionisten wie Dammasch, Kollmar, Schiestl-Arding oder später dem kaum beachteten Surrealisten Oelze eine Plattform zu bieten.

Die An- und Umbauten von Ende der 1950er- und Anfang der 1960er-Jahre schufen unter dem dynamischen Friedrich Netzel III. das heutige Erscheinungsbild der Galerie mit noch mehr Ausstellungsfläche.

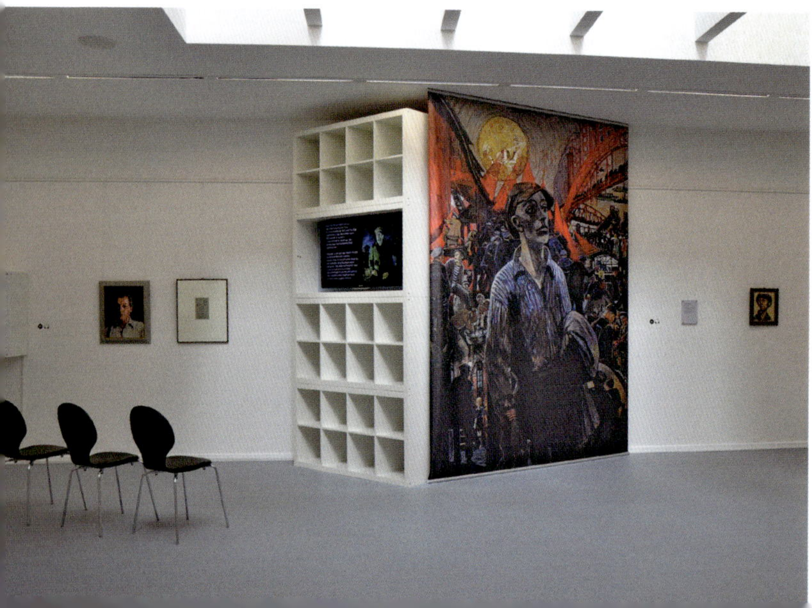

Vor allem aber gelang es in viel beachteten Sonderausstellungen, erstmals in Norddeutschland französische Künstler wie Chagall, Cocteau und Picasso zu präsentieren. Aufsehen erregte auch die erste Ausstellung von DDR-Kunst in der Bundesrepublik. Diese Lebendigkeit ist auch heute noch bestimmend für die 1998 aus dem Privatbesitz in eine Stiftung überführte Kunsthalle. 2011/12 und 2023 erfuhr sie bauliche Umgestaltungen, die das äußere Bild veränderten und die Ausstellungsfläche vergrößerten.

Der Spaziergang führt nun die vor wenigen Jahren neu gestaltete Bergstraße mit ihren vielen Geschäften entlang. Bald sehen Sie auf der linken Seite etwas zurückliegend in einem kleinen Park eine weiße Villa, die ***Galerie Cohrs-Zirus (3)****.*

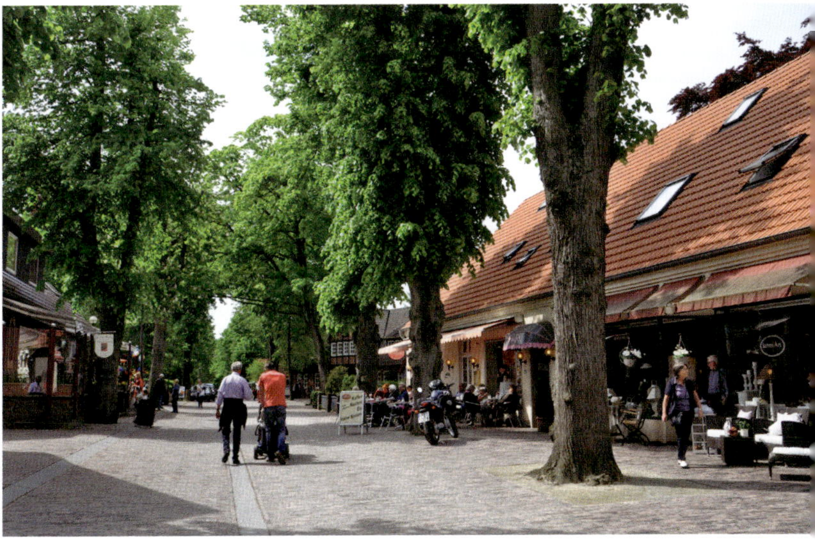

Die neu gestaltete Bergstraße

‹ Blick in die neu gestaltete Kunsthalle

Diese repräsentative Villa, die heutige **Galerie Cohrs-Zirus**, birgt eine interessante Geschichte: Sie wurde 1875 von dem um 1850 nach Amerika ausgewanderten und mit Heimweh, aber einigem Reichtum

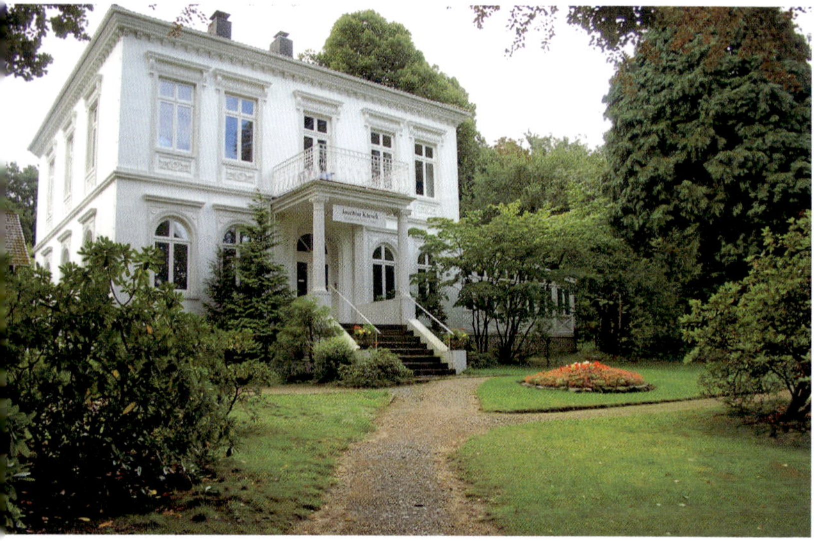

Die Galerie Cohrs-Zirus

als Baumwollkaufmann zurückgekehrten Worpsweder Bauernsohn Johann (John) Monsees erbaut. Diese fachwerklose, zweigeschossige Villa mit ihren klassizistischen Elementen weist Merkmale auf, wie sie im 18. Jahrhundert von britischen Einwanderern in Amerika bevorzugt wurden. Monsees wird davon beeinflusst worden sein und entsprechende Pläne mit nach Worpswede gebracht haben. Der Bau passte zu jener Zeit jedoch überhaupt nicht in das von ärmlichen Bauernkaten geprägte Ortsbild. Und die wenig mehr als zehn Jahre später ins Dorf kommenden

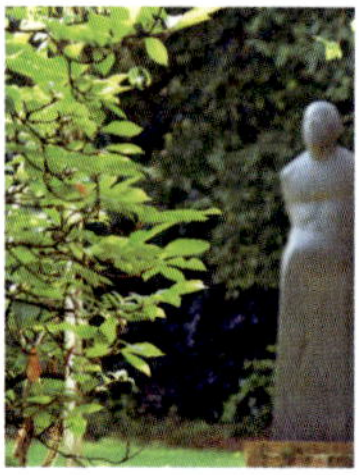

Waldemar Otto, Großer Hephaistos

Maler konnten damit auch nichts anfangen. Alles andere als ein solches Bauwerk hatten sie ja gesucht. Sie haben die Villa übrigens nie gemalt. Dennoch verkehrten sie regelmäßig dort, vor allem, als Philine und Franz Vogeler, Heinrich Vogelers Bruder, 1905 nach dem Tode des Bauherrn in die obere Etage eingezogen waren. In jener Zeit wurde die links hinter dem Gebäude stehende ehemalige Remise ausgebaut und 1906 darin die erste Kunstausstellung Worpswedes eröffnet sowie ein Verlag etabliert. Nachdem Franz Vogeler 1915 im Ersten Weltkrieg gefallen war, führte seine Frau das Geschäft allein weiter. Später übernahm sie Aufgaben in der Kunsthalle Worpswede bzw. in der Kunsthalle Philine Vogeler, dem Haus an der Ecke Bergstraße/Lindenallee, das heute ihren Namen trägt.

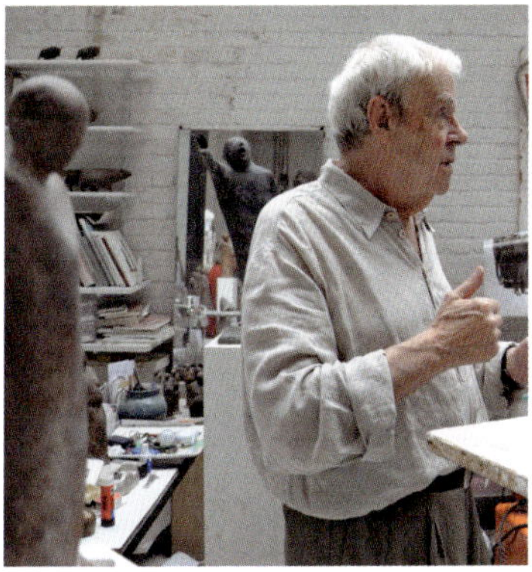

Der Künstler Waldemar Otto

Nach langjähriger Nutzung für verschiedene Zwecke und beginnendem Verfall gelangte das denkmalgeschützte Gebäude mit seinem schönen kleinen Park 1980 in die Hände des Galeristenehepaars Cohrs-Zirus. Nach aufwendigem Um- und Anbau haben sie es ab 1983 verstanden, ihren reichhaltigen Bestand an Kunst in der Villa geschmackvoll zu präsentieren und darüber hinaus auch überregional beachtete Ausstellungen zu inszenieren. Sehenswert sind zudem die Skulpturen »Körpertorso« und »Großer Hephaistos« des bedeutenden Worpsweder Bildhauers Waldemar Otto im Park.

*Schräg gegenüber von Cohrs-Zirus, unterhalb der Goldschmiede Uphoff, sollten Sie jetzt einen **Mammutbaum (4)** beachten.*

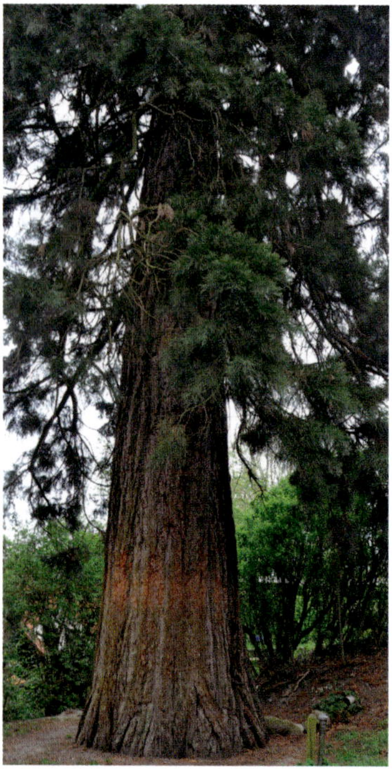

Der Mammutbaum

Dieser mächtige **Mammutbaum** mit fast 40 Metern Höhe und einem Stammumfang von etwa 5 Metern verdient nicht nur wegen seiner Größe Beachtung. Wahrscheinlich wurde er hier vor mehr als 150 Jahren gepflanzt, als in seiner unmittelbaren Nachbarschaft das Haus des ersten Worpsweder Apothekers Olivet gebaut worden war (heute die Goldschmiede Uphoff). Es ist anzunehmen, dass dieses wunderschöne Exemplar aus der ersten Generation von Riesen-Mammutbäumen stammt, die aus Amerika nach Europa gebracht worden waren. Insofern gehört er wohl zu den ältesten Bäumen dieser Art in Europa.

*Wenige Schritte weiter beginnt links der kleine Anstieg An der Kirche. Wenn Sie diesen hinaufgehen, gelangen Sie auf einen freien Platz, auf dem einmal die **Pastorenscheune (5)** stand. Um den Platz herum gruppieren sich weitere Sehenswürdigkeiten: ein **Denkmal (6)**, ein **Obelisk (7)** sowie die **Alte Schule (8)**.*

An dieser Stelle, dem heutigen Parkplatz, stand einmal die zum Ensemble von Kirche, Pfarr- und Küsterhaus gehörende **Pastorenscheune**. Sie wurde 1959 abgerissen, weil der Kirchenvorstand nicht davon abgehalten werden konnte, an ihrer Stelle einen Parkplatz einzurichten. Dieser Vorgang ist auch deshalb so bedauerlich (und aus heutiger Sicht nur schwer nachvollziehbar), weil das Baumaterial für die Instandsetzung vorhanden war und Handwerker sowie das Spendenaufkommen die Arbeiten sichergestellt hätten.

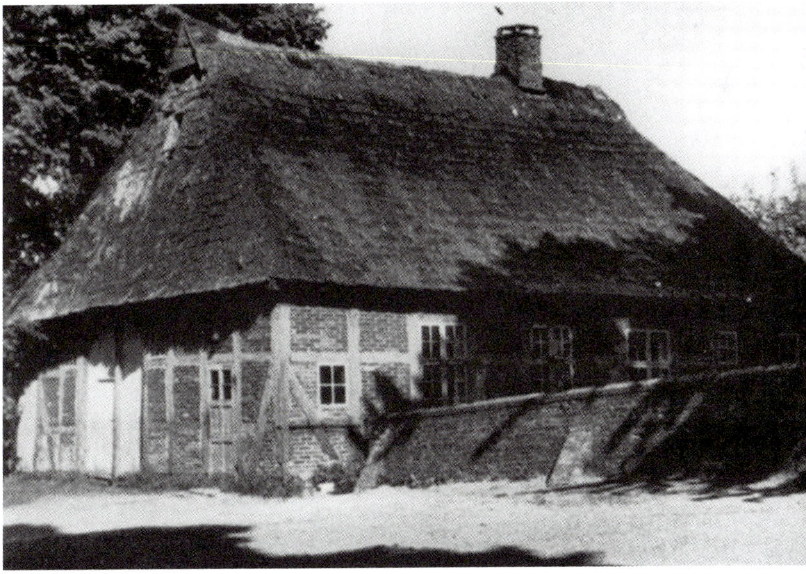

Die 1959 abgerissene Pastorenscheune

Das Fachwerkhaus war wahrscheinlich 1778 erbaut worden und diente zunächst dem Pastor als Scheune für sein Vieh und als Lager für Futter und Getreide, wurde 1817 zum Krämerladen mit kleiner Schankwirtschaft und später zur Schulstube. Zu Beginn des 20. Jahrhunderts hatte Otto Modersohn in diesem Haus sein Atelier. Er soll, so berichtete 1899 die Wümme-Zeitung, »ungenirt […] mit seinem Atelier-Haus umgegangen« sein, indem er Wände herausriss und Fenster zumauerte. »Schön sieht das Atelier von Außen nicht aus, aber im Innern ist es gemüthlich«, so das Urteil des Schreibers.

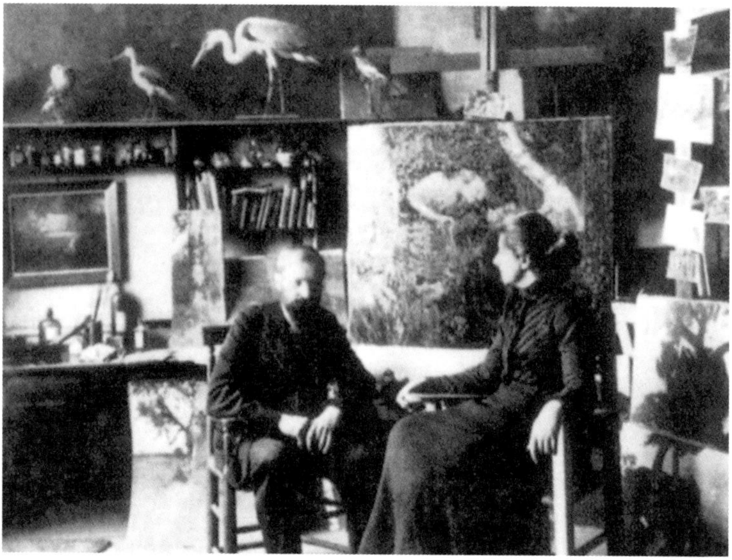

Otto und Paula Modersohn im Pastorenscheunen-Atelier, 1901

Am Hang steht seit 1906 ein **Denkmal**. Es zeigt **St. Georg**, der ja allgemein wegen seines mutigen Kampfes mit dem Drachen bekannt ist. Als Schutzpatron der Krieger wurde er vom hiesigen Kriegerverein, wahrscheinlich auf Anregung des Malers Fritz Mackensen, zu Ehren der im Deutsch-Französischen Krieg 1870/71 Gefallenen des Kirchspiels Worpswede aufgestellt. »Ritter Worps«, wie er im Volksmund heißt, ist die Replik einer Frührenaissance-Statue des berühmten Bildhauers Donatello aus Florenz.

Wenige Schritte entfernt steht ein schlichter grauer **Obelisk**. Er wurde 1883 anlässlich des 400. Geburtstages des Reformators Martin Luther aufgestellt. Wegen des sehr zähen Spendenaufkommens aus der Kirchengemeinde soll das Monument allerdings erst 1890 bezahlt worden sein.

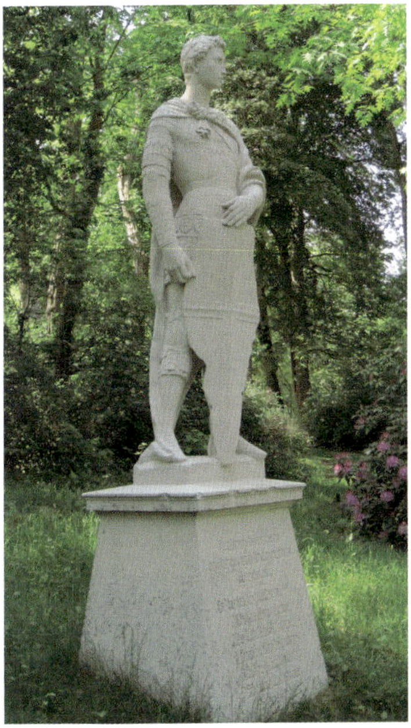

St. Georg

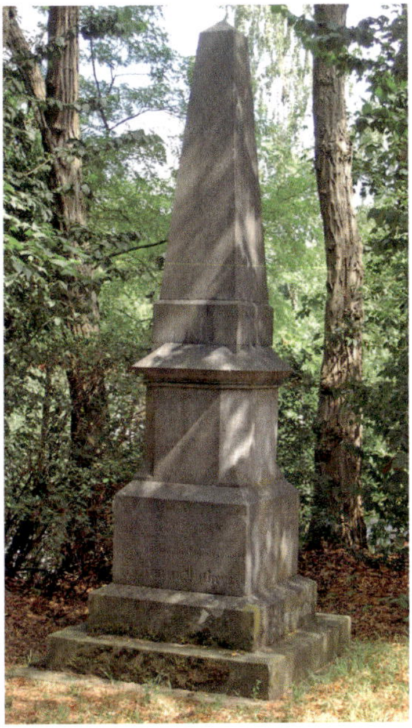

Der Obelisk

Das 1895 erbaute rote Backsteingebäude beherbergte einmal die **Alte Schule**. Ein lateinischer Spruch über dem Eingang mahnt, dass man Gott, den Eltern und den Lehrern gar nicht genug Dankbarkeit erweisen könne. Und da zu jener Zeit Kirche und Schule noch eng verbunden waren, ist auch der seitlich angebrachte Psalmvers »Die Furcht des Herrn ist der Weisheit Anfang« beachtenswert, obwohl Sie sich vielleicht auch fragen, wer da wohl mit seiner Furcht genau gemeint sein könnte.

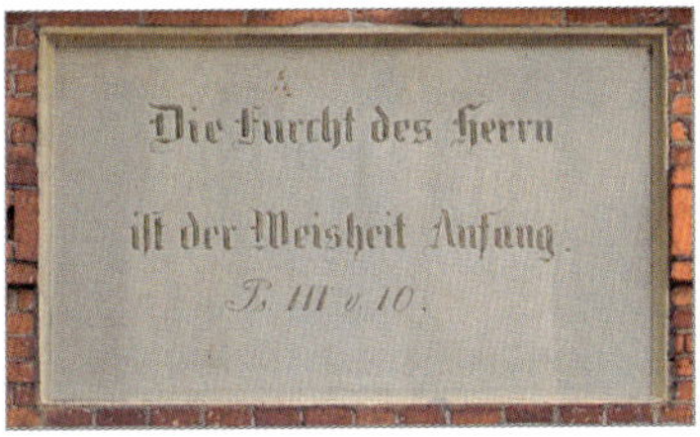

Psalmvers an der Alten Schule

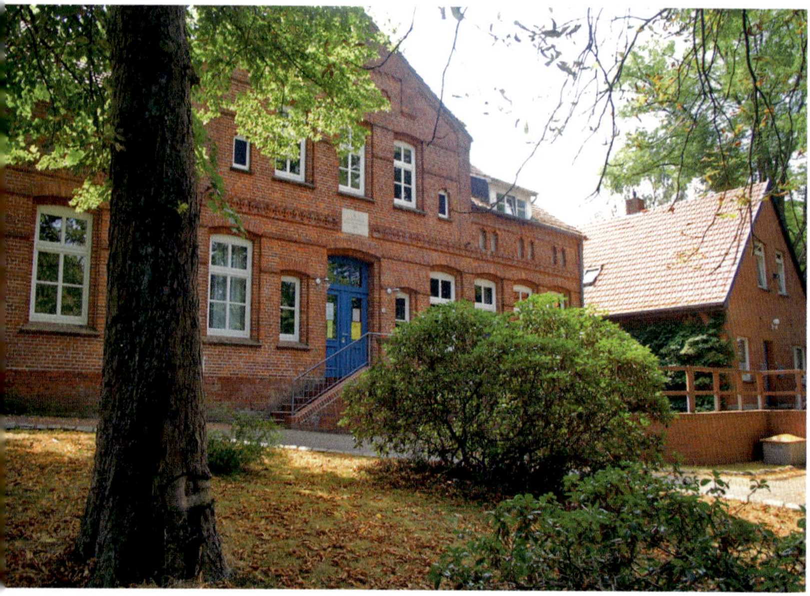

Die Alte Schule von 1895

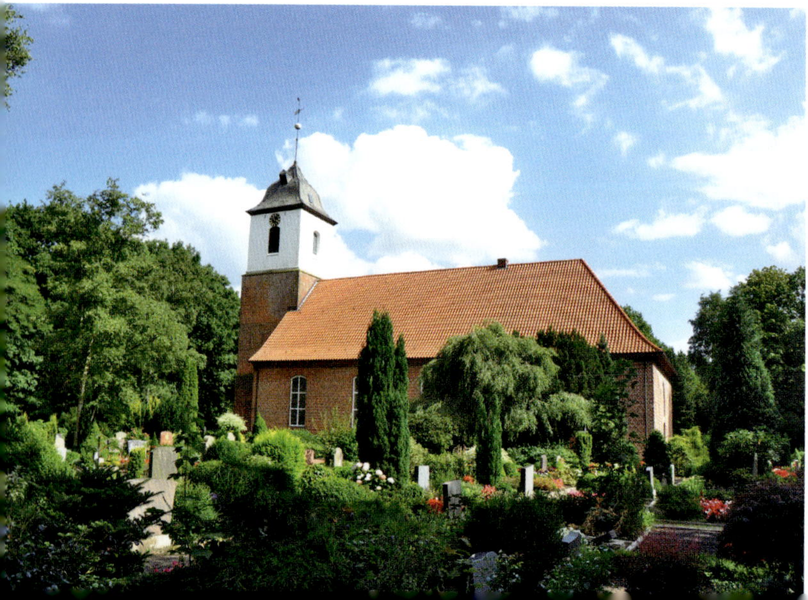

In dem Haus – heute für Zwecke der Kirchengemeinde genutzt – hatte kurz vor und nach 1900 über Jahre der Gründer der Worpsweder Künstlerkolonie, Fritz Mackensen, im Obergeschoss seine Wohnung.

*Vorbei an der Alten Schule führt der Weg nun auf den Worpsweder **Friedhof (9)** und danach in die **Zionskirche (10)**.*

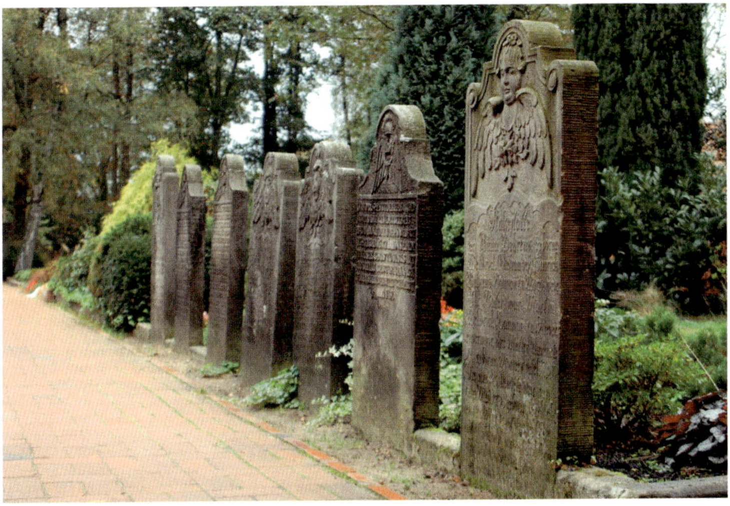

Die alten Grabsteine am Hauptweg zur Zionskirche

Der im Zusammenhang mit dem Kirchenbau 1759 eingerichtete **Friedhof** wird auch von auswärtigen Besuchern häufig aufgesucht, haben doch auf ihm mehr als 80 Maler, Schriftsteller, Musiker, Fotografen und Kunsthandwerker ihre letzte Ruhestätte gefunden. Auf dem Weg zu ihnen und zur Kirche passiert man die ältesten Grabsteine auf dem Friedhof. Sie gehören zu einem der großen Vollhöfe, dem Behrenshof (heute das Geschäft casa di mobili). Die Verstorbenen

‹ Die Worpsweder Zionskirche mit einem Teil des Friedhofs

der Höfe wurden unmittelbar vor der Kirche beigesetzt. Doch nur die bessergestellten Bauern konnten sich die teuren Grabsteine mit den Engelsgesichtern leisten. Die Sandsteine hierfür kamen aus Obernkirchen bei Bückeburg. Die Steinmetze saßen in Bremen.

Besonders viele Menschen besuchen Paula Modersohn-Beckers Grab, auf das seit einiger Zeit auch entsprechende Informationstafeln hinweisen. Das von Bernhard Hoetger geschaffene und nach erheblichen Schwierigkeiten unter anderem mit dem Kirchenvorstand erst zwischen 1916 und 1919 errichtete Grabmal »Werden und Vergehen« symbolisiert auf eindrucksvolle Weise das Schicksal der Künstlerin. Sie war wenige Tage nach der Geburt ihrer Tochter Mathilde (Tille) am 20. November 1907 im Alter von nur 31 Jahren an einer Embolie gestorben. Ihr Grab liegt an der Begrenzungshecke links in der Nähe des alten Gerätehauses. Verehrer aus aller Welt legen hier zu Paulas Gedenken Blumen nieder. Den klinkerummantelten Sockel mit der zurückgesunkenen Frauengestalt und dem nackten Kind, das einen Apfel hält, ziert Paulas Trauspruch von der Hochzeit mit Otto am

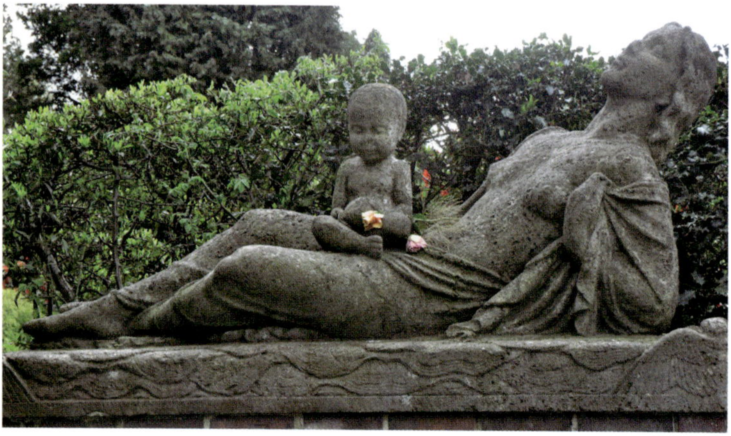

Das Grab von Paula Modersohn-Becker

25. Mai 1901: »Denen, die Gott lieben, müssen alle Dinge zum Besten dienen«. Eine von Heinrich Vogeler entworfene ovale Sandsteinplatte deckt den Boden der Grabstätte, in der auch Helene Modersohn, die erste Frau Otto Modersohns, sowie die beiden Töchter Elsbeth und Mathilde ruhen.

Von den Künstlern der Gründergeneration wurde nur Fritz Mackensen auf dem Worpsweder Friedhof beigesetzt. »Kunst ist Spiegelung der Natur in einer Menschenseele. Wie die Seele, so die Kunst.« Der Spruch auf seinem Grabstein – etwa 30 Meter schräg rechts hinter der Kirche, ungefähr auf der Höhe von Paulas Grab – war für ihn maßgebend. Dass der bislang einzige Ehrenbürger Worpswedes zeitlebens strikt deutschnational orientiert war und sich in das System des Dritten Reiches einbinden ließ, macht die Erinnerung an ihn zwiespältig.

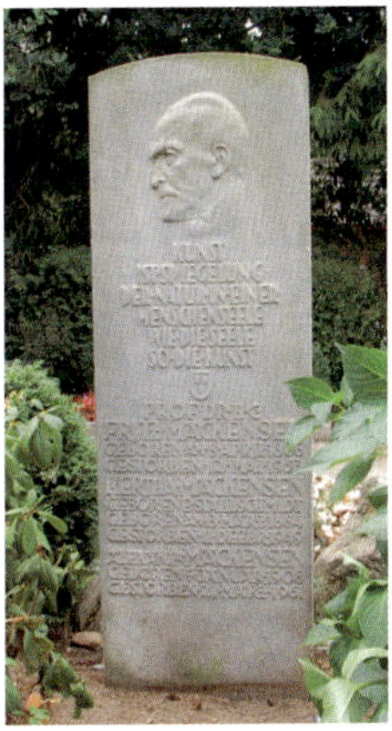

Der Grabstein von Fritz Mackensen

Ein besonders eindrucksvolles Grabmal unmittelbar hinter der Kirche stammt von dem bekannten Worpsweder Bildhauer Waldemar Otto, von dem Sie weitere Werke bei der Großen Kunstschau, der Gästeinformation, beim Alten Rathaus und auch auf dem Gelände der Galerie Cohrs-Zirus sehen können. »Der Übergang«, hier als Grabdenkmal auf dem Friedhof, zeigt eine nackte männliche Figur, die aus der überwundenen Welt eine andere Wirklichkeit, die des unbekannten Todes, ertastet.

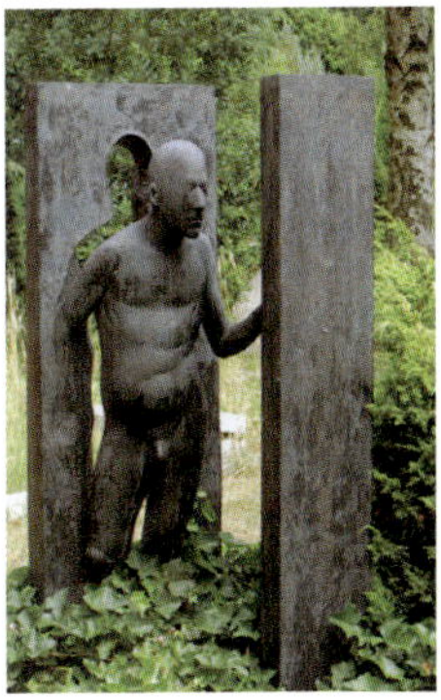

Waldemar Otto, Der Übergang

Die **Zionskirche** entstand 1757 bis 1759. Es war sicher nicht die beste Zeit dafür, denn es herrschte der Siebenjährige Krieg in Europa. Aber es bestand eine dringende Notwendigkeit für den Bau, denn ringsherum waren einige Dörfer im Moor gegründet worden und der Weg über die Hamme nach Scharmbeck zur Kirche, wo sie seit jeher eingepfarrt waren, war für die Dorfbewohner zuweilen sogar lebensgefährlich.

Das Kircheninnere zeigt bis auf den heutigen Tag, dass sich der Architekt, der hannoversche Hofbaumeister bei Georg II., Johann Paul Heumann, und der Bauleiter Jürgen Christian Findorff strikt an die Auflagen hielten: Die Kirche sollte nämlich »auf das simpleste und mit Vermeidung aller unnützen Zierde und Kostbahrkeiten« gebaut und eingerichtet werden.

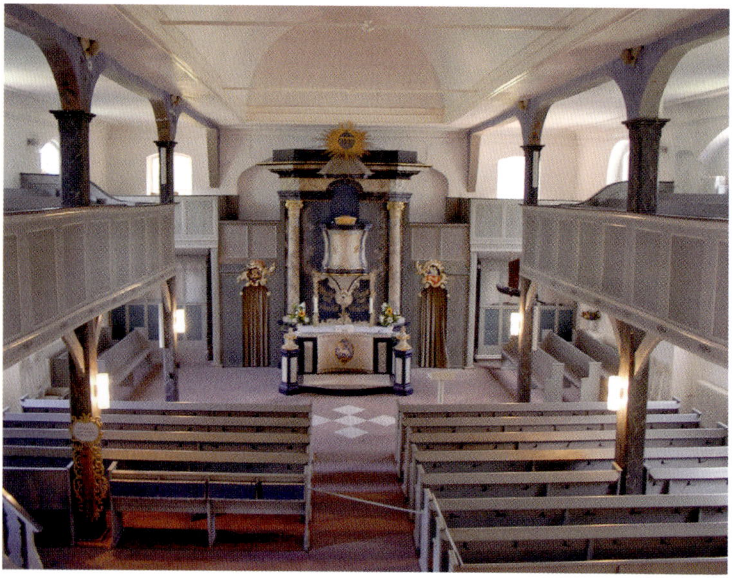

Blick in die Zionskirche

Aus dem hallenartigen Inneren hebt sich eigentlich nur der Altarbereich heraus. Der Altartisch, eingerahmt von zwei fein ausgearbeiteten Säulen, und der darüber stehende Kanzelkorb mit seinen Rokoko-Ornamenten sind die prunkvollsten Ausstattungsdetails. Ein solcher Kanzelaltar war typisch für lutherische Kirchen jener Zeit.

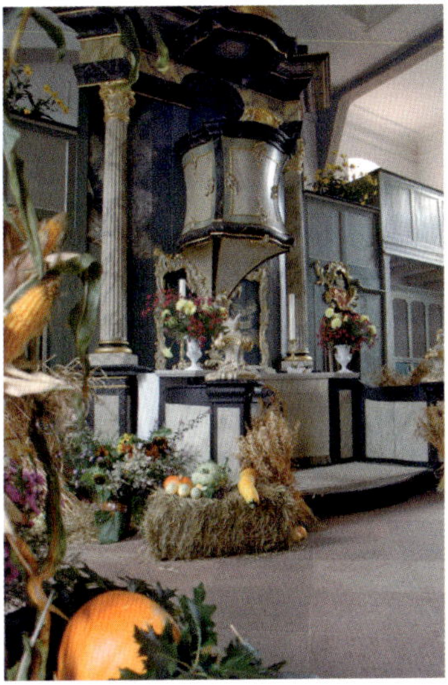
Altarschmuck zum Erntedankfest

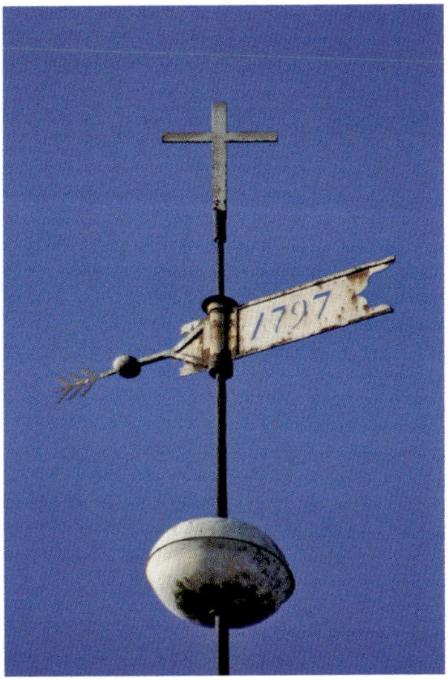

Die Wetterfahne auf dem Kirchturm

Besondere Aufmerksamkeit verdienen die Putten unter der Emporendecke und die Blumenornamente in den Zwickeln der Säulen auf der Empore. Die Putten stammen von der Bildhauerin Clara Westhoff, der späteren Ehefrau Rainer Maria Rilkes, die Blumengemälde von der Malerin Paula Becker, der späteren Frau Otto Modersohns. Es handelt sich um Strafarbeiten, die die beiden sich, damals noch Malschülerinnen bei Fritz Mackensen, eingehandelt hatten. Aus Übermut waren sie an einem Augustsonntag im Jahre 1900 nachmittags auf den Kirchturm gestiegen und hatten die Kirchenglocken geläutet.

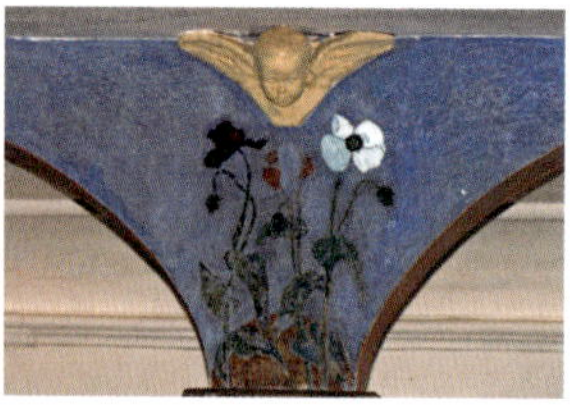

»Strafarbeit« von Paula und Clara

Im Dorf galt das Läuten zur Unzeit aber als ein untrügliches Zeichen für den Ausbruch eines Feuers. Als Buße war ihnen anstelle einer Geldstrafe diese künstlerische Arbeit abverlangt worden. Glücklich die Kirche, welche über solche Bußwerke verfügt!

2012 konnte nach langen Mühen und mit viel Engagement und Geld die marode alte Orgel durch eine prachtvolle neue ersetzt werden. Der renommierte Orgelbauer Hendrik Ahrend aus Leer konnte dafür gewonnen werden, die ursprünglich im Jahre 1762 in die Zionskirche eingebaute Orgel des damals berühmten Stader Orgelbauers Dietrich Christoph Gloger zu rekonstruieren. Die neue Orgel ist, wie Fachleute bescheinigen, mit ihrem kammermusikalischen Klang besonders für das Werk Johann Sebastian Bachs geeignet. Musikfreunde erfreuen sich an fast jedem Sonntagnachmittag ab 17 Uhr an wunderbaren Orgelkonzerten!

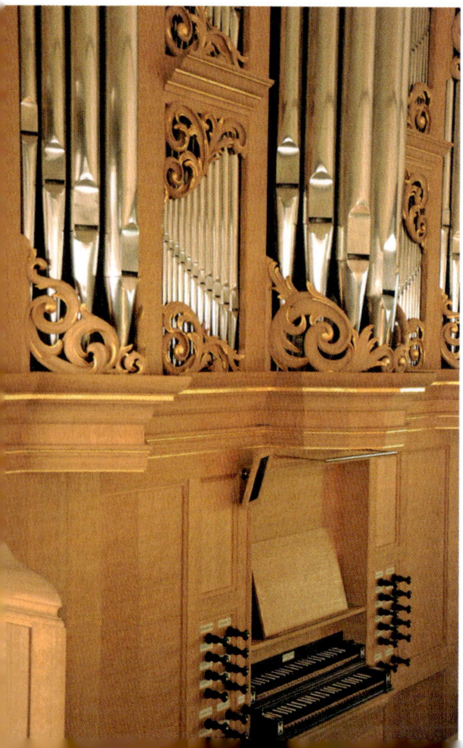

Außen fällt auf, dass der Kirchturm im Osten und nicht wie gewöhnlich im Westen steht. Der Grund: 1759 hatte die Kirche zunächst nur einen kleinen Dachreiter, der aber, Wind und Wetter ausgeliefert, bald

‹ Die neue Orgel

herunterzufallen drohte und deshalb entfernt werden musste. Man stellte ihn provisorisch an die Ostseite, weil es dort noch keine Grabstellen gab. Erst etwa 40 Jahre später wurde der heutige Turm genau an dieser Stelle angefügt – übrigens mit einem barocken Turmhelm, wie ihn schon der Dachreiter besaß.

Unscheinbar und doch beachtenswert sind einige Haken im Mauerwerk rechts neben dem Turm: In gut zwei Metern Höhe hatte Fritz Mackensen die Schutzvorrichtung und die Leinwand für sein großformatiges Gemälde »Gottesdienst im Moor« befestigt, das er mangels eines hinreichend großen Ateliers Anfang der 1890er-Jahre an dieser Stelle weitgehend im Freien gemalt hatte. Für dieses Bild erhielt er 1895 im Münchener Glaspalast eine Goldmedaille. Die Künstlerkolonie Worpswede ihrerseits bekam weltweit Aufmerksamkeit. In Erinnerung daran befindet sich dort seit Längerem eine wetterfeste Replik des Gemäldes.

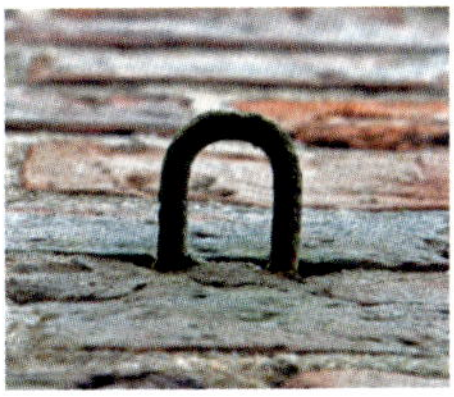

Befestigungshaken im Mauerwerk

Nachdem Sie vielleicht noch einige der beschriebenen Grabstätten aufgesucht haben, verlassen Sie den Friedhof durch einen offenen Ausgang im Zaun am hinteren Ende. Sie stoßen hier auf den quer verlaufenden ***Fritz-Overbeck-Weg (11)****, den Sie nach rechts hinuntergehen. Sie passieren dabei gleich eine unscheinbare Stelle, heute mit zwei Häusern bestanden, wo sich einmal eine besondere Lokalität befunden hat, der* ***Heidehof (12)****.*

Dass dieser Weg den Namen **Fritz-Overbeck-Weg** trägt, hängt wohl hauptsächlich damit zusammen, dass Overbeck (1869–1909), einer der fünf Maler aus der Gründergeneration, hier am Rande der ehemaligen Sandkuhle über Jahre sein Atelier hatte. Es fiel jedoch, nachdem es eine Zeit lang noch von dem Maler Walter Bertelsmann genutzt worden war, den massiven Eingriffen im Zusammenhang der weiteren Sandentnahme zum Opfer.

Unterhalb des Fritz-Overbeck-Weges liegt eines der Worpsweder Sportgelände, das in der ehemaligen Sandgrube angelegt wurde. In kleinen Mengen wurde Sand an dieser Seite des Weyerberges schon immer abgetragen - besonders viel aber 1938 beim Bau des Dammes, der die Straße aufnahm, die Worpswede mit Osterholz und Scharmbeck verbinden sollte. Weiterer Abbau in großen Mengen erfolgte, um den Bedarf des Worpsweder Kalksandsteinwerks zu decken. Doch engagierte Menschen verhinderten in Zeiten des Wirtschaftswunders, dass weitere Teile des Weyerberges weggebaggert wurden.

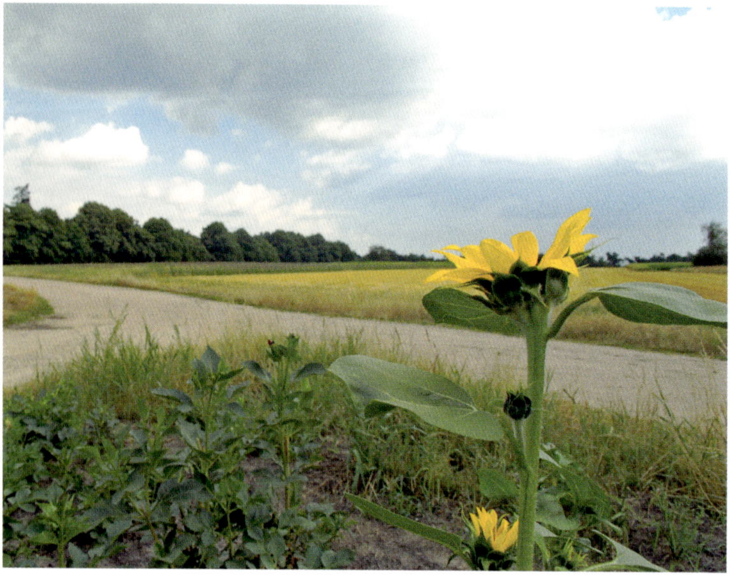

Der Fritz-Overbeck-Weg auf dem Weyerberg

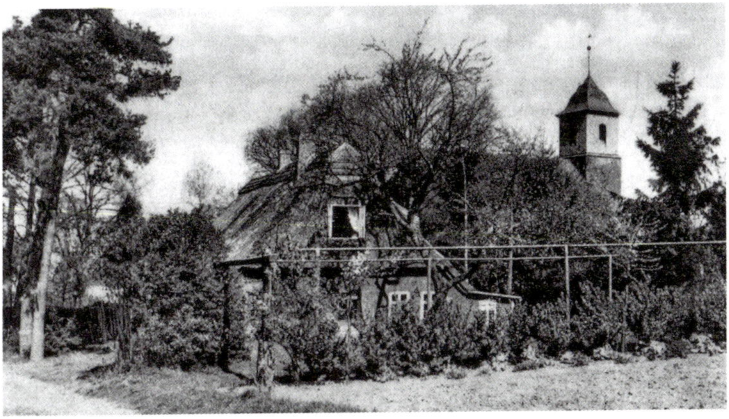

Der ehemalige Heidehof, ein beliebter Künstlertreff

Angrenzend an den Friedhof stand hier am Weg einmal das Café **Heidehof**. 1920 als kleines Lokal in einer im 19. Jahrhundert errichteten kleinbäuerlichen Kate eröffnet, entwickelte es sich mit seinem großen Garten zu einem beliebten Künstlertreff. Die Gastzimmer waren von Heinrich Vogeler und seinem späteren Schwiegersohn, dem Architekten und Künstler Walter Müller, im expressionistischen Stil ausgestaltet worden. Dekorative Malereien schmückten die Wände, von den Decken hingen nach den Entwürfen der Künstler gestaltete Lampen und Leuchter, aber auch bemalte Draht- und

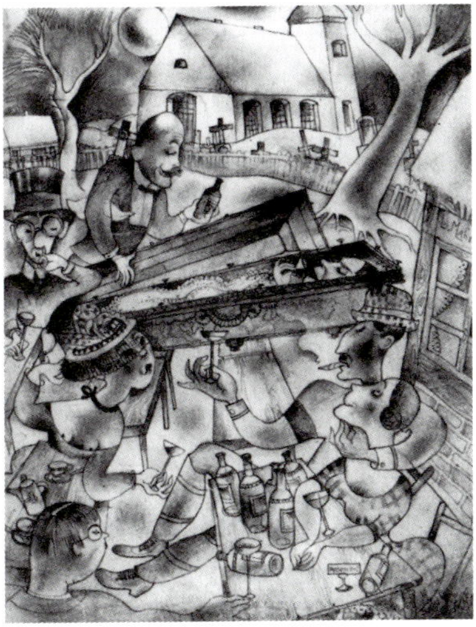

»Gästebucheintrag« von Tetjus Tügel, 1923

Holzfiguren. Legendär sind die erhalten gebliebenen Gästebücher, in denen sich viele der Worpsweder Künstler mit kleinen Kostbarkeiten verewigt haben. Sie werden heute im Archiv der Barkenhoff-Stiftung aufbewahrt. Der reetgedeckte Heidehof fiel Anfang der 1960er-Jahre den Flammen zum Opfer.

Wenn Sie den Fritz-Overbeck-Weg weiter hinuntergehen, erreichen Sie nach etwa 400 Metern einen Parkplatz, an dessen Straßeneinmündung rechts einmal das traditionsreiche Lokal ***Worpsweder Landhaus (13)*** *stand (seit 2014 Drogeriemarkt Rossmann).*

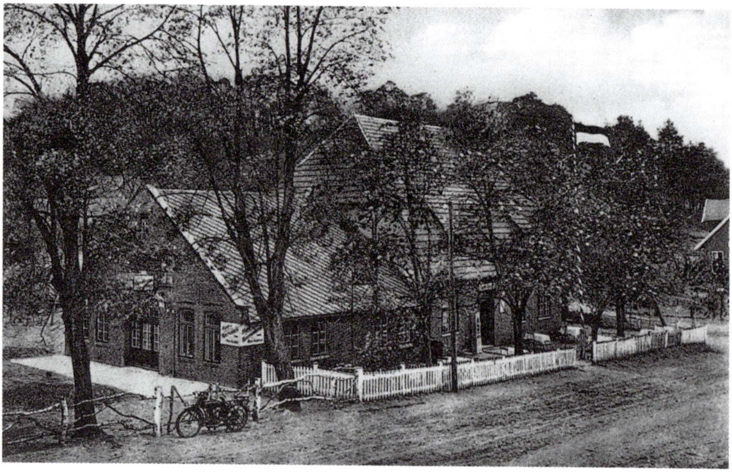

Das Hotel Stadt Altona

Das Landhaus war ein Stück Worpsweder Geschichte. Ungefähr im Jahre 1820 hatte sich hier ein Seilermeister niedergelassen. Er nutzte das in den Weyerberg eingeschnittene Gelände hinter dem Haus als Spindelbahn, um lange Seile herzustellen. Nach seinem Konkurs aufgrund der billigeren Handelsware erwarb ein Bäcker das

Haus und richtete zusätzlich eine Gastwirtschaft ein. Als die Maler nach Worpswede kamen, fanden einige hier einen preiswerten Mittagstisch sowie eine billige Unterkunft. Das Haus nannte sich bald **Hotel Stadt Altona** (in sprachlicher Annäherung an das schräg gegenüber gelegene Hotel Stadt London und das ein Stück entfernt liegende Hotel Stadt Bremen). Erst später wurde es in **Worpsweder Landhaus** umbenannt.

*Der **Abstecher** (siehe die gestrichelte Markierung auf dem Kartenausschnitt) führt Sie vom Parkplatz schräg gegenüber vom Drogeriemarkt Rossmann zu einem Findling mit der Aufschrift »Findorff«. Gehen Sie den ansteigenden, aber mit einigen Steinstufen versehenen Willi-Ohler-Weg hinauf zum **Findorff-Denkmal (14)**.*

Das **Findorff-Denkmal** wurde 1799 auf diese besonders exponierte Erhebung des Weyerberges gestellt, die damals noch unbewaldet war. Geehrt wird damit der Moorkolonisator Jürgen Christian Findorff (1720–1792). Er war ab Mitte des 18. Jahrhunderts mit der von der kurhannoverschen Regierung in die Wege geleiteten systematischen Erschließung und Besiedlung der Moorregionen zwischen Elbe und Weser befasst. Viele der Moordörfer, Gräben und Kanäle sowie manche Bauwerke gehen auf seine Planungen zurück. Auch um die Torfschifffahrt erwarb er sich Verdienste. Dass auch die Zionskirche nach seinen Plänen gebaut worden wäre, wurde in Worpswede über

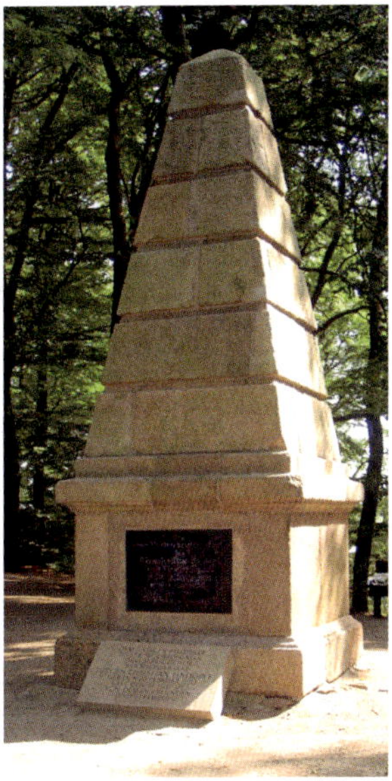
Das Findorff-Denkmal auf dem Findorffberg

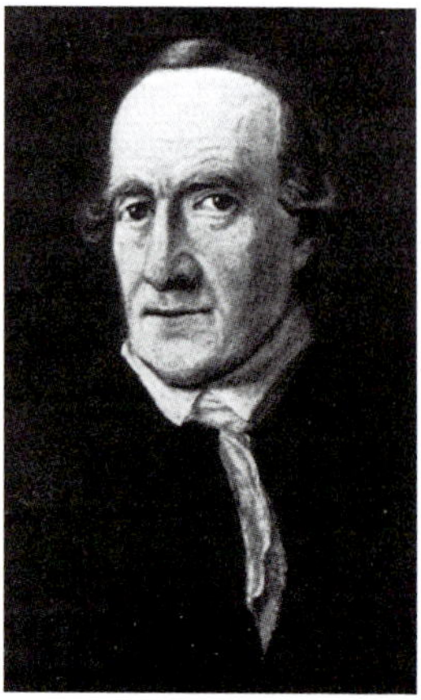

Friedrich Schröder, Porträt des Moorkolonisators Jürgen Christian Findorff, 1893

die Jahrhunderte hartnäckig behauptet und geschrieben. Indes, es stimmt nicht, wie Sie schon aus den Informationen zur Kirche erfahren haben. Trotzdem werden Sie es immer wieder lesen können, selbst in seriösen Reiseführern.

Fast 150 Jahre vor dem Bau des Denkmals, nämlich nach dem Dreißigjährigen Krieg, hatte der Landgraf Friedrich von Hessen-Eschwege damit begonnen, auf dem Berg ein »Lustschloss« zu bauen. Der Bau wurde jedoch nicht fertiggestellt, da Friedrich an einem Kriegszug der Schweden teilnahm und dabei zu Tode kam. Der unterhalb des Berges verlaufende Weg Am Thiergarten verweist noch heute auf dieses Vorhaben. Dass aus den Steinen des unfertig gebliebenen Schlosses später die Zionskirche gebaut worden sei, gehört allerdings wie manches andere im Zusammenhang mit dem Kirchenbau in den Bereich der Legenden. Immerhin aber hat hier einmal das- wie es in den alten Texten aus dem 18. Jahrhundert heißt – »artige Lusthaus« des Osterholzer Amtmannes Meiners gestanden, umgeben von einem ansehnlichen Park. Es muss sicher eine Lust und Freude gewesen sein, von diesem herrlichen Platz aus in die Landschaft schauen zu können.

*Vom Denkmal aus laufen Sie weiter über den Findorffberg. Rechts unterhalb sehen Sie ein rot und blau gestrichenes Haus, das **Ohler-Haus (15)**.*

Das auffällige und architektonisch interessante **Ohler-Haus** erinnert an den Töpfer Willi Ohler (1888–1975), der hier 1926 zunächst seine Töpferwerkstatt und 1930 sein Wohnhaus erbaute und lange

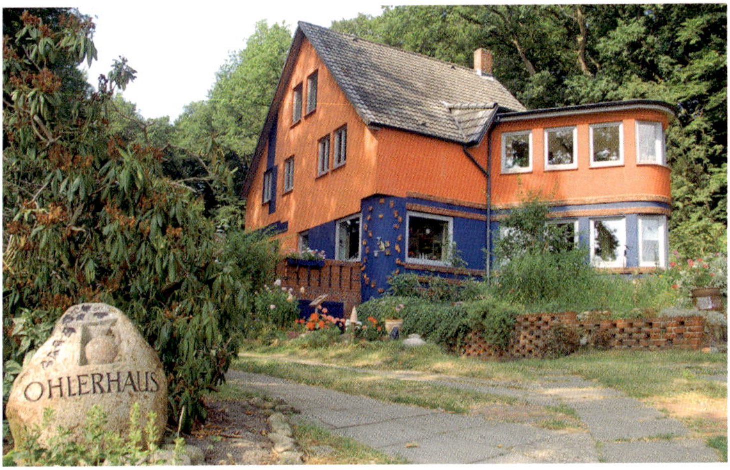

Das Ohler-Haus am Susenbarg

bewohnte. Das zweieinhalbgeschossige Giebelhaus, in dem nach der Vorstellung Ohlers die Sonne immer zu sehen sein sollte, erhielt durch einen Flachdachanbau und die beiden Backsteinbalkone expressionistische Züge. Ohler war 1922 auf Anregung Hoetgers nach Worpswede gekommen und arbeitete mit diesem über Jahre im Rahmen der »Worpsweder Kunsthütten« zusammen. Im Alter arbeitete Ohler in der Käseglocke bzw. in einer Kate auf deren Grundstück und zeichnete unter anderem bezaubernde Pflanzenstudien. Seit dem Tod der langjährigen Bewohnerin Lotte Petersen, Ohlers Tochter, hat das Haus mit den darin eingerichteten Ferienwohnun-

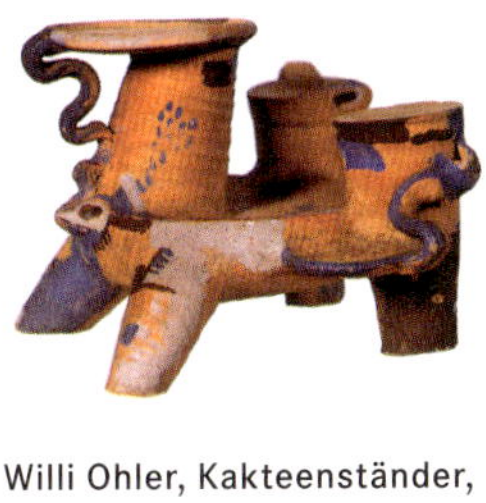

Willi Ohler, Kakteenständer, um 1924

gen eine neue Verwendung gefunden. Die Gäste können sich hier an einer Vielzahl von originalen Ölbildern, Aquarellen oder Keramiken Ohlers erfreuen. Im Nebengebäude des Hauses, der ehemaligen Töpferei Ohlers, stehen weitere Ferienwohnungen zur Verfügung.

Von hier aus, dem sogenannten Susenbarg, können Sie, vielleicht von einer der Bänke oben am Willi-Ohler-Weg aus, den herrlichen Ausblick über den Westhang des Weyerberges auf die Hammelandschaft und den Geestrand, nach Osterholz und Ritterhude im Westen sowie nach dem südwestlich gelegenen Bremen genießen.

Gehen Sie am Ohler-Haus vorbei den Susenbarg abwärts, unten am Waldrand nach links auf den Fritz-Mackensen-Weg. Nach etwa 150 Metern kommen Sie an eine Weggabelung. Gehen Sie nach rechts und Sie stehen nach wenigen Metern an einem Naturdenkmal, der leider durch den Sturm »Xavier« im Oktober 2017 zerstörten ***Mackensen-Eiche (16)****.*

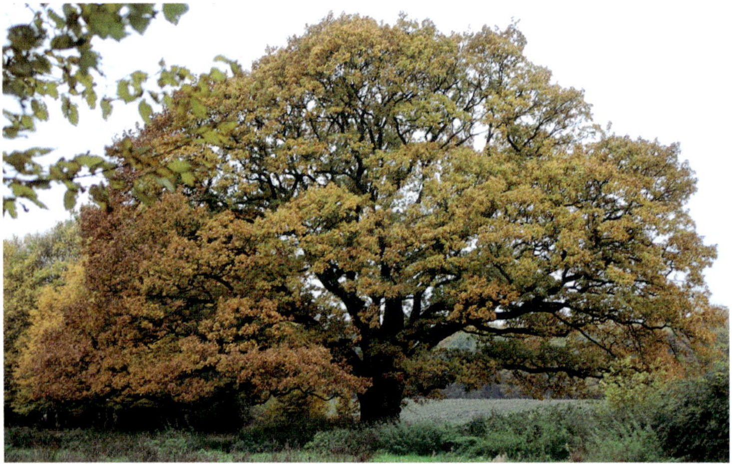

Die Mackensen-Eiche vor dem Sturm »Xavier«

Der Baum hat eine lange Geschichte, sein Verlust ist deshalb umso schmerzlicher: Im Dreißigjährigen Krieg soll der Weyerberg zur Abgeltung von Zwangszahlungen an die Besatzungstruppen, sogenannten Kontributionen, weitgehend abgeholzt worden sein. Angeblich waren es etwa 4.000 Eichen, deren Holz die Bauern herzugeben hatten.

Diese mächtige Traubeneiche wurde als Ersatz für den angerichteten Kahlschlag wahrscheinlich schon vor über 350 Jahren gepflanzt. Veranlasst haben könnte das der bereits erwähnte Landgraf Friedrich von Hessen-Eschwege, der hier unterhalb des Weyerberges einen Tiergarten einrichten wollte.

Der heutige Name dieser Eiche geht auf den seit Anfang des 20. Jahrhunderts in der Nähe wohnenden Maler Fritz Mackensen zurück. Er hatte sich zeitlebens für den Erhalt dieses prächtigen Baumes eingesetzt. Es gab jedoch schon länger Anzeichen, dass der Baum mit seinem Kronendurchmesser von rund 30 Metern und seinem Stammumfang von 6 Metern gefährdet wäre.

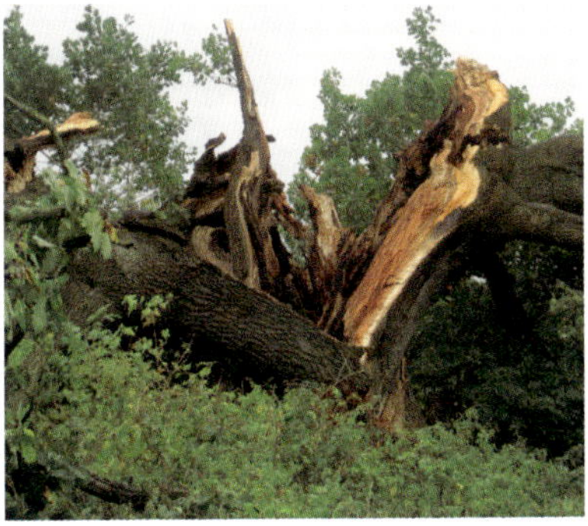

Die Ruine der Mackensen-Eiche heute

Gehen Sie von der Eiche aus den kurzen Weg zurück und geradeaus weiter. Rechts oberhalb sehen Sie nun eine herrschaftliche Villa, das ***Mackensen-Haus (17)****.*

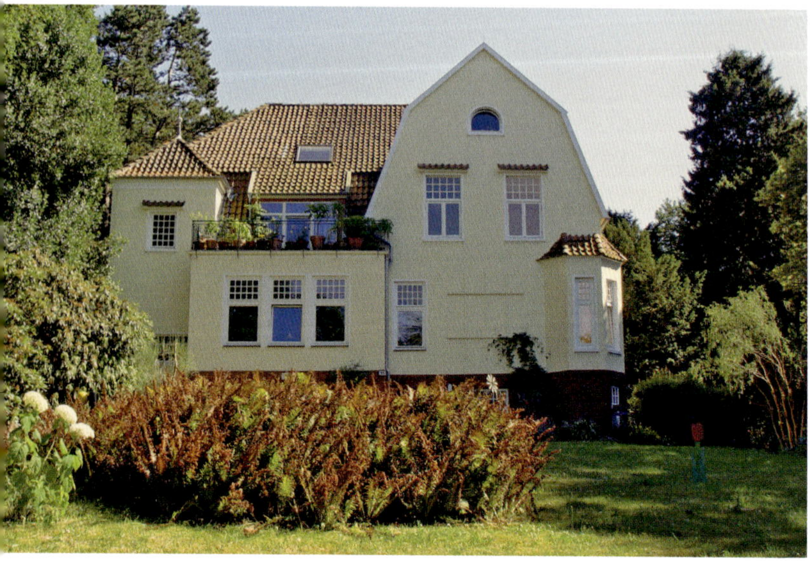

Die Mackensen-Villa

Ausgelöst durch seinen unerwarteten Erfolg auf der Münchener Glaspalast-Ausstellung mit der Goldmedaille Erster Klasse für sein Gemälde »Gottesdienst im Moor« (auch »Gottesdienst im Freien«) war Fritz Mackensen (1866–1953) schnell zu Geld und Ansehen gekommen. Immerhin hatte er die damals höchste künstlerische Auszeichnung in Deutschland erhalten und sein Werk hatte Arbeiten von 610 Konkurrenten aus aller Welt ausgestochen, darunter Gemälde von so berühmten Malern wie Leibl, Böcklin, Corinth und Manet.

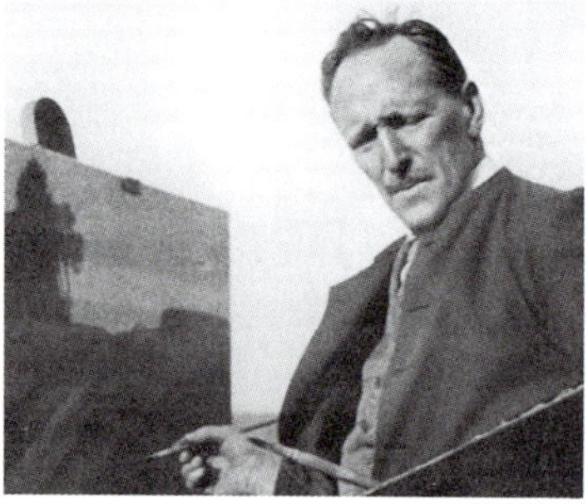

Fritz Mackensen um 1920 an der Staffelei

Sein **Haus**, das er sich zwischen 1901 und 1903 von seinem Bruder, dem Architekten Wilhelm Mackensen, am Westhang des damals noch fast unbewaldeten Weyerberges bauen ließ, war Ausdruck dieses frisch gewonnenen Renommees. Allerdings löste der pompöse und überdimensionierte Bau eher Kopfschütteln und Ablehnung als Gefallen aus. Mackensen bewohnte die Villa mit kriegs- und berufsbedingten Unterbrechungen bis zu seinem Lebensende.

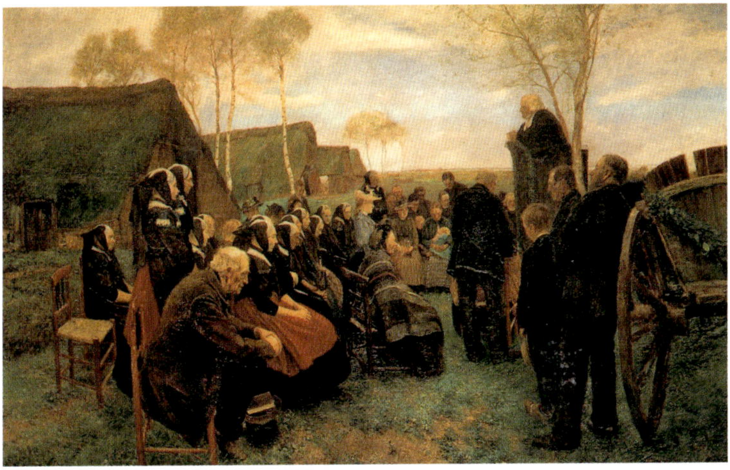

Das in München ausgezeichnete Gemälde »Gottesdienst im Moor« von 1895

Ein Stück weiter gabelt sich der Weg. Nehmen Sie den oberen. Er führt Sie zurück zum Parkplatz, von dem aus Sie zum Findorff-Denkmal gelangt waren. Von hier aus gehen Sie wieder in Richtung Ortsmitte die leicht ansteigende Findorffstraße entlang, von der Sie nach etwa 200 Metern rechts in die Bergstraße abbiegen. Nach etwa 350 Metern sind Sie wieder am großen Parkplatz.

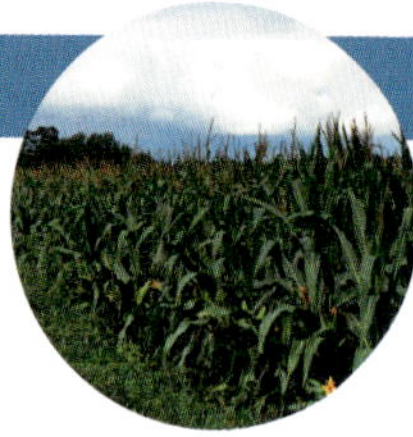

Stationen des Hauptweges:
Lindenallee – Ausblick –
Niedersachsenstein
Stationen des Abstechers:
Am Thiergarten – Pension Haus Niedersachsen

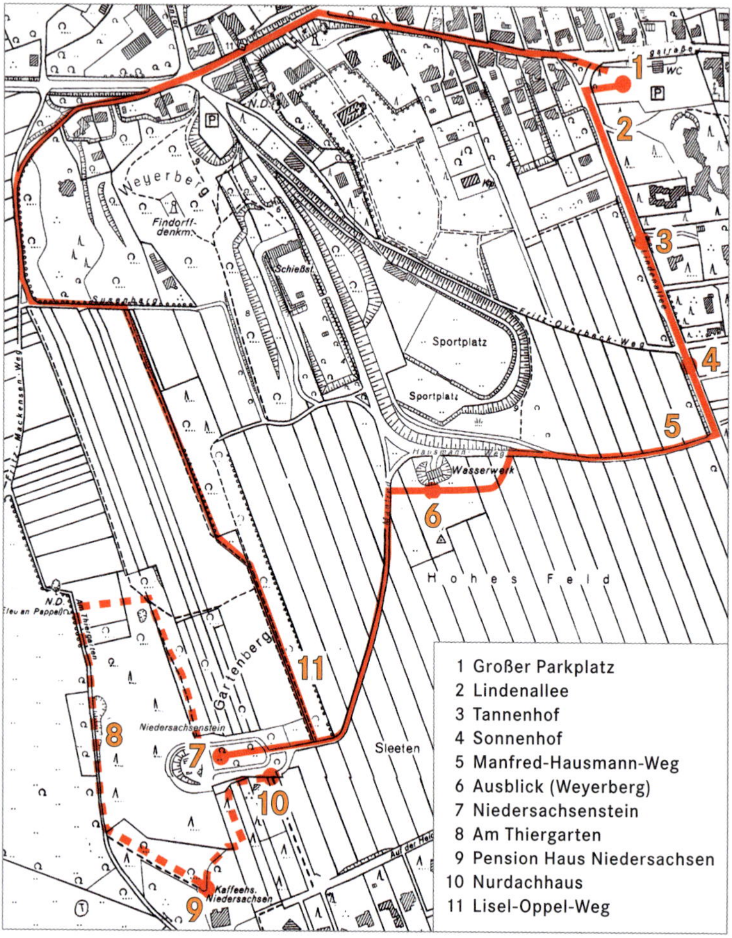

1 Großer Parkplatz
2 Lindenallee
3 Tannenhof
4 Sonnenhof
5 Manfred-Hausmann-Weg
6 Ausblick (Weyerberg)
7 Niedersachsenstein
8 Am Thiergarten
9 Pension Haus Niedersachsen
10 Nurdachhaus
11 Lisel-Oppel-Weg

Länge des Hauptweges: etwa 3 Kilometer
Länge mit Abstecher: etwa 3,6 Kilometer
Am Anfang in der Lindenallee und am Ende des Spaziergangs ab dem (ehemaligen) Worpsweder Landhaus gepflasterte, gut zu begehende Fußwege; beim Gang über den Weyerberg Sand- und Waldwege, jedoch ohne größere Schwierigkeiten; ab Niedersachsenstein mit Steigungen und Gefälle. Dieser Teil und der Abstecher sind für Gehbehinderte weniger geeignet.

*Der **Spaziergang 5** geht vom **großen Parkplatz (1)** an der Bergstraße auf die seitlich vorbeiführende und leicht ansteigende **Lindenallee (2)**.*

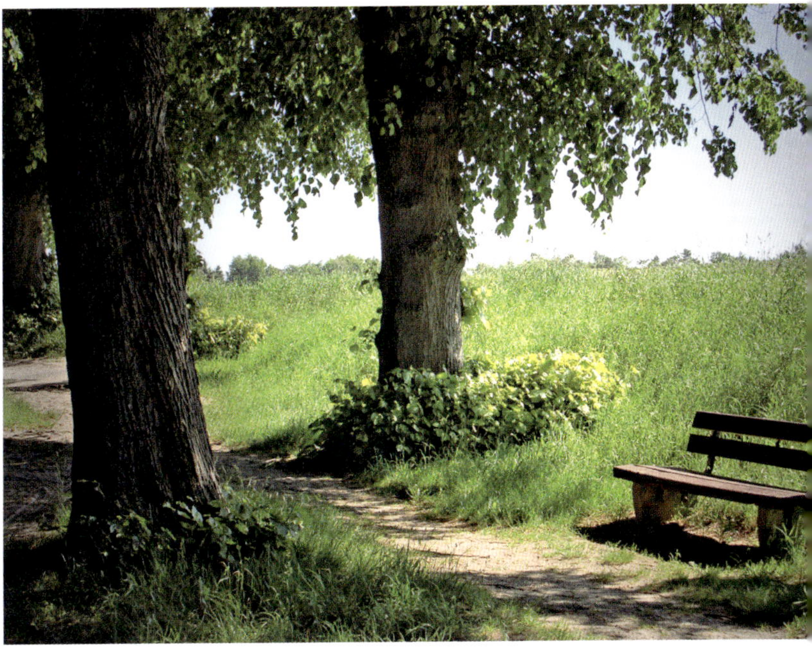

Ein Platz zum Ausruhen in der Lindenallee

Die **Lindenallee**, seit Anfang des vergangenen Jahrhunderts mit den namengebenden Bäumen gesäumt, gehört sicher zu den sehenswerten Worpsweder Straßen. Ihre Attraktivität gewinnt sie nicht nur durch die mächtigen Bäume, sondern auch durch eine Reihe schöner Gebäude und Anwesen bzw. deren frühere Bewohner. Bis auf die Käseglocke sind die Anwesen aber nicht zu besichtigen. In den letzten Jahren sind im oberen Teil der Lindenallee einige Häuser in bevorzugter Lage hinzugekommen, die auf den derzeit verfügbaren Karten noch gar nicht verzeichnet sind.

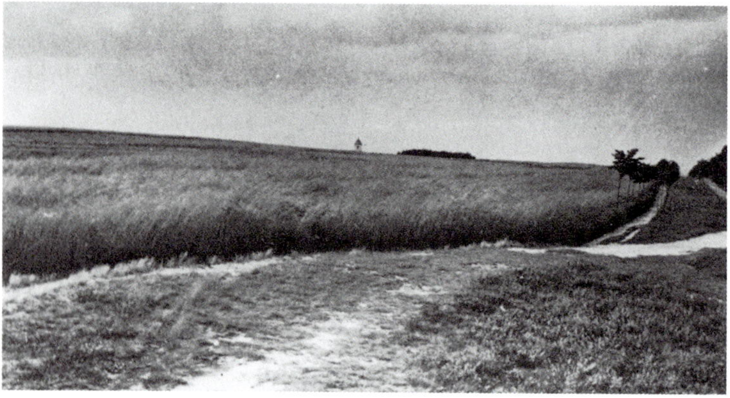

Die Lindenallee um 1900

Nach knapp 200 Metern passieren Sie links ein Anwesen mit einer reetgedeckten Eingangspforte, den ***Tannenhof (3)****. Das Gebäude versteckt sich im hinteren Teil des weitläufigen Geländes.*

Der 1912 von dem Worpsweder Architekten Alfred Schulze entworfene Fachwerkbau, der sogenannte **Tannenhof**, lehnt sich an die Form eines traditionellen Bauernhauses an. Das ursprünglich mit roten Ziegeln ausgefachte und nach wie vor mit Reet gedeckte Haus wurde 1928 von dem bekannten Schriftsteller Wilhelm Scharrelmann

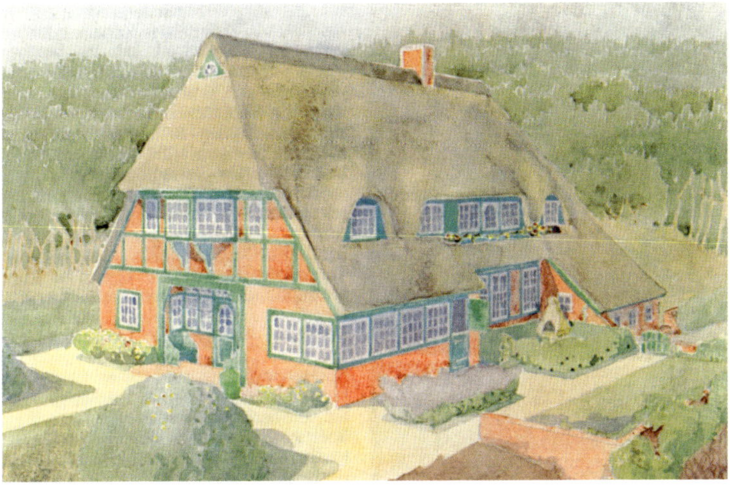

Alfred Schulze, Hausentwurf vom Tannenhof, 1912

(1875–1950) erworben. Der ehemalige Lehrer, Bruder des bekannten Bremer Reformpädagogen Heinrich Scharrelmann, machte sein Anwesen zum Treffpunkt für Schriftsteller und Maler. Er schrieb unter anderem den Roman »Hinnerk der Hahn«. Darin begibt sich ein alternder Hahn auf Entdeckungsreisen durch halb Europa und wundert sich, dass niemand ihn und sein Worpswede kennt. Manch Worpsweder wird wohl schon Ähnliches erlebt haben!

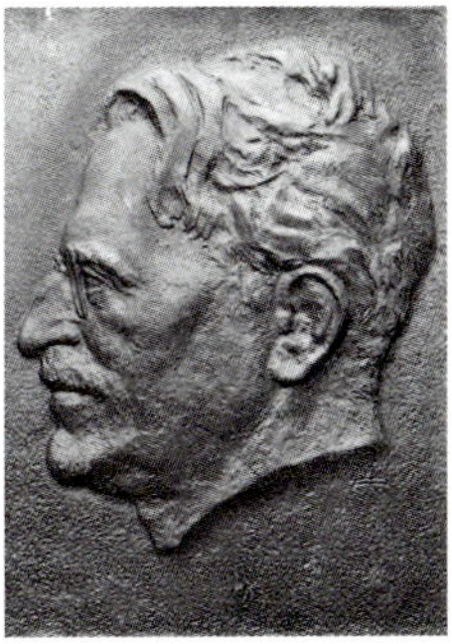

Der Schriftsteller Wilhelm Scharrelmann

Nach weiteren 100 Metern zweigt nach links ein Weg ab, der zur Käseglocke führt. Unmittelbar daneben befindet sich der ***Sonnenhof (4)****. Von ihm sind jedoch nur wenige Gebäudeteile erhalten. Sie liegen im unteren Teil des Grundstückes.*

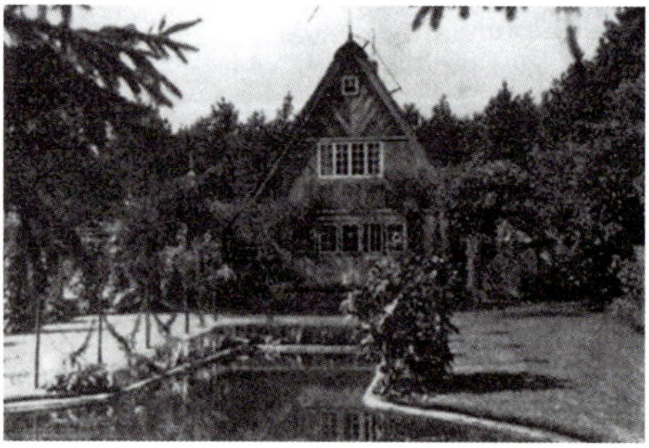

Der Sonnenhof, 1928

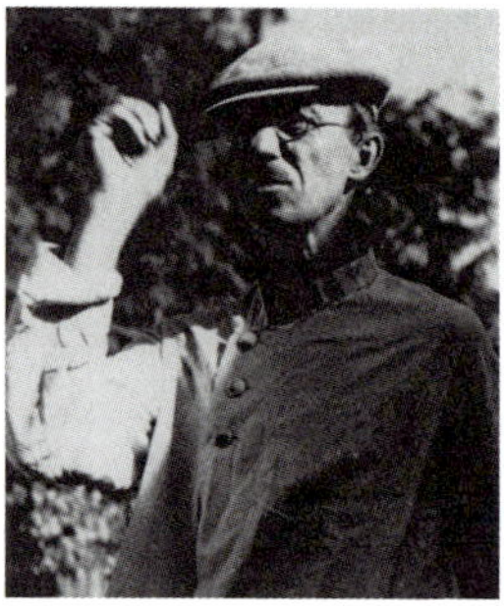

Leberecht Migge

Der **Sonnenhof** bekam diesen Namen von seinem ersten Besitzer, dem namhaften Gartenarchitekten und Landschaftsplaner Leberecht Migge (1881–1935). Dieser war 1920 auf Empfehlung Heinrich Vogelers nach Worpswede gekommen. Auf dem Anwesen an der Lindenallee begann er zusammen mit seiner vielköpfigen Familie (»Minsch, de hett jo mehr Kinner as Möbel«, sagte man bei seiner Ankunft in Worpswede verwundert), eine beispielhafte Selbstversorger-Gemeinschaft aufzubauen. Die Grundidee war, nach der Katastrophe des Ersten Weltkrieges die Menschen zu befähigen, sich durch den Anbau von Früchten, Obst und Gemüse möglichst selbst zu versorgen und dabei alle Wertstoffe, einschließlich der menschlichen Fäkalien, dem natürlichen Kreislauf wieder zuzuführen. Migge, der sich selbst »Spartakus in Grün« nannte, lebte diese Idee auf dem Sonnenhof vor und schuf dort eine geradezu südländische Pracht und Fülle mit Plantagen und Obstterrassen. Diese Anlagen fielen leider einem Bagger zum Opfer.

Interessant ist, dass Leberecht Migge mit dem berühmten Architekten Bruno Taut gemeinsame Projekte verwirklicht hat, denen durch

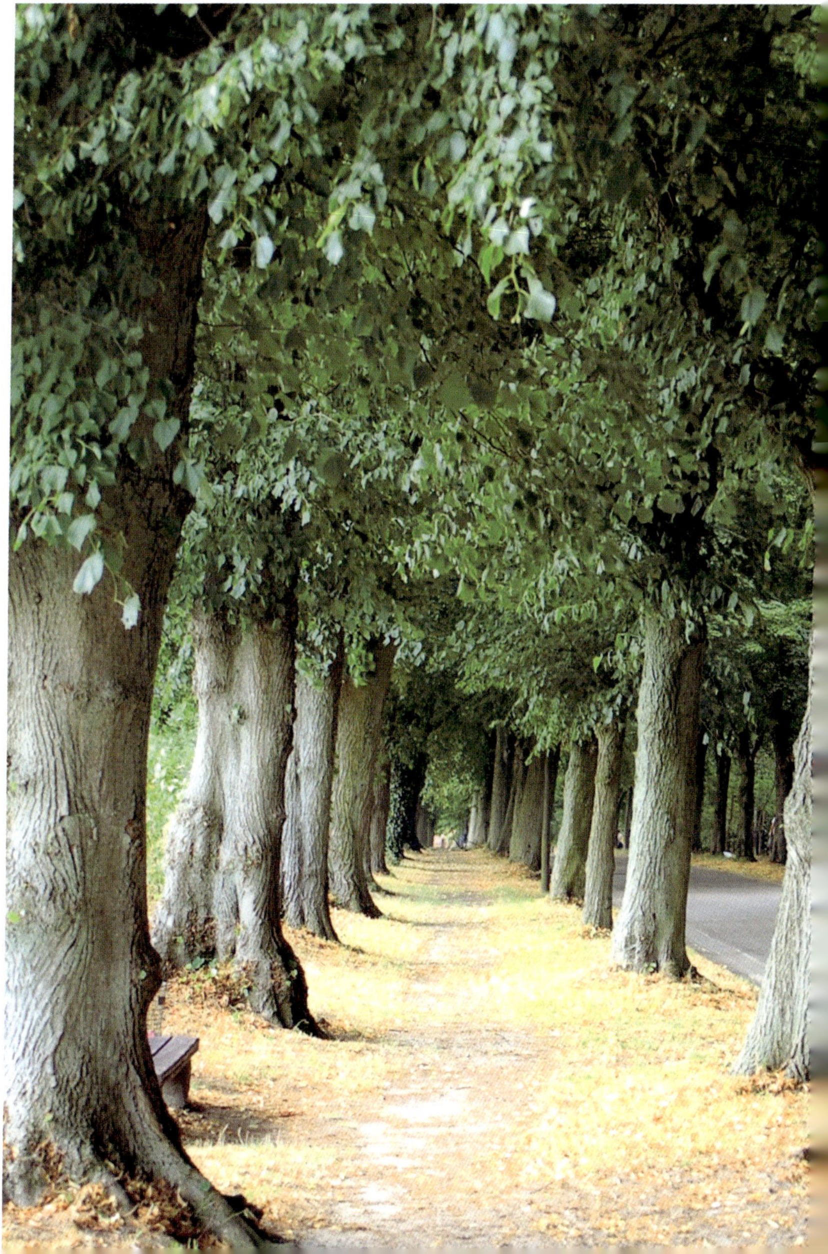

die UNESCO inzwischen sogar der Weltkulturerbestatus zuerkannt worden ist. Nach Tauts Plänen erbaute auch Edwin Koenemann die Käseglocke in unmittelbarer Nachbarschaft des Sonnenhofs.

In der direkten Nachbarschaft des Sonnenhofs liegt ein weiterer großer Gebäudekomplex, einst Fotoatelier von Hans Saebens.

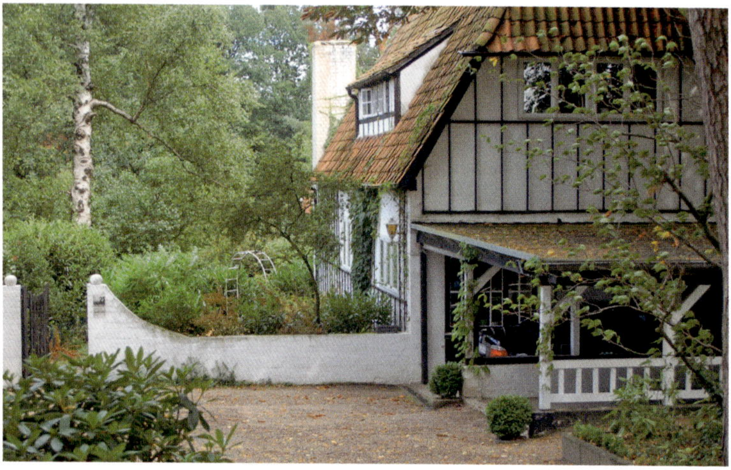

Das ehemalige Fotoatelier von Hans Saebens

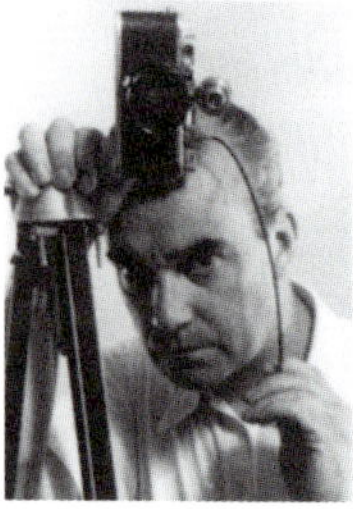

Der Fotograf Hans Saebens

Ab 1910 hatte sich der Kunsthändler Herbert von Garvens zusammen mit seiner Frau, einer Schriftstellerin, in einer repräsentativen Villa, die vom Architekten Walter Schulze zunächst für sich gebaut worden war, im unteren Teil des Grundstücks niedergelassen. Nach dem Scheitern der kurzen Ehe lebte Eugenie von Garvens (1881-1964) hier mit ihrem zweiten Ehemann, dem bekannten Landschaftsfotografen Hans Saebens

(1895–1969), der sich im vorderen Teil des weitläufigen Grundstücks sein Atelier einrichtete. Bis zu seinem Tode im September 2020 wohnte hier der Worpsweder Fotograf Horst Wöbbeking, ein Schüler von Saebens.

*Gegenüber mündet der **Manfred-Hausmann-Weg (5)** in die Lindenallee. Biegen Sie in diesen ein und folgen Sie ihm über den **Weyerberg**.*

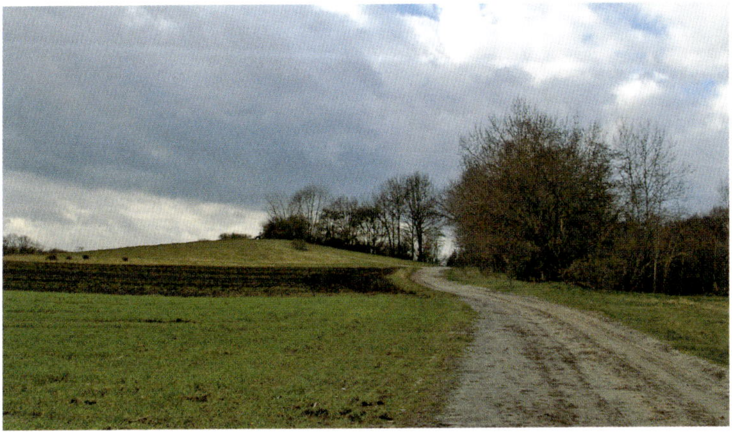

Der Manfred-Hausmann-Weg

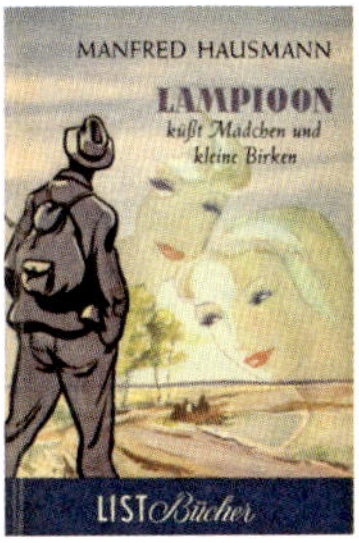

Ein Buchtitel von Manfred Hausmann

Der **Manfred-Hausmann-Weg** erhielt seinen Namen in Erinnerung an den Schriftsteller Manfred Hausmann (1898–1986), der sich ganz in der Nähe – am Ende der Lindenallee, wo diese in den steil abfallenden Weg Am Schmidtberg übergeht – zwischen 1928 und 1950 in seinem repräsentativen Haus niedergelassen hatte. Ältere Worpsweder erinnern sich gut daran, dass der prominente Literat oft die damals noch unbefestigte Lindenallee mit seinem schnittigen Cabrio entlangbrauste und den Staub aufwirbelte. Hausmann wurde durch Romane (unter anderem »Abel mit der Mundharmonika«, 1932) und Essays bekannt. Sein Worpsweder Hirtenspiel feierte 1942 in der Zionskirche Premiere.

Nach etwa 300 Metern auf dem Manfred-Hausmann-Weg erreichen Sie links eine kleine Anhöhe. Machen Sie es sich auf den hier aufgestellten Bänken bequem, um den schönen ***Ausblick (6)*** *von der höchsten Erhebung des Weyerberges zu genießen.*

Wie hoch der **Weyerberg** an dieser Stelle wirklich ist, darüber hat es schon einige Verwirrung gegeben. Es gibt Karten, auf denen 50,7 oder genau 51 Meter eingetragen sind. Andere weisen 54,4 Meter aus. Des Rätsels Lösung ist einfach: Der höhere Wert bezieht die kegelförmige Anschüttung mit ein, die seit 1963 als künstlicher Hügel den Wasserbehälter für die Trinkwasserversorgung halbwegs kaschiert. Aber sei's drum! Der **Ausblick** von seinem »Gipfel« ist allemal schön.

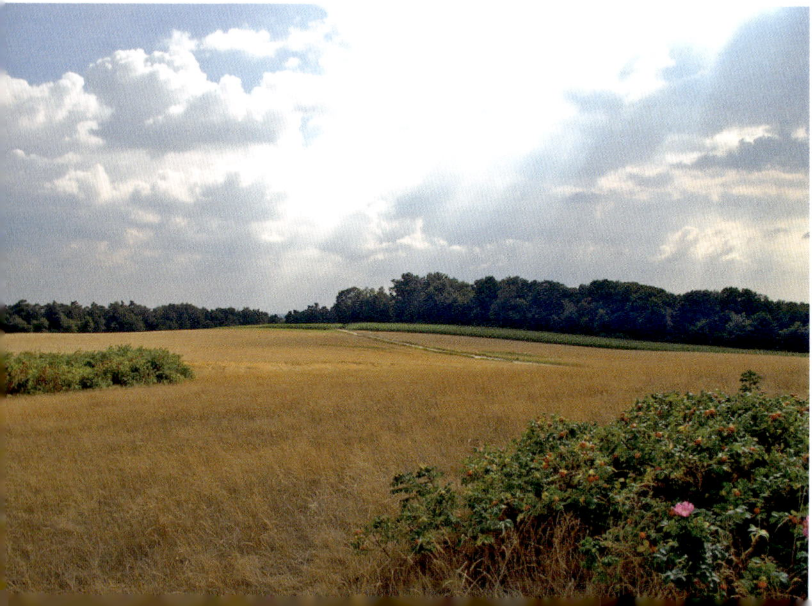

Im Sommer fallen Ihnen vielleicht sogenannte Blühstreifen an den Wegrändern auf. Diese werden seit einigen Jahren auf eine private Initiative hin mit Blumen, Wildkräutern und dem selten gewordenen Buchweizen angelegt und erfreuen nicht nur die Bienen und Hummeln, sondern auch die Spaziergänger.

Schon beim Begehen des Manfred-Hausmann-Weges mag manchem von Ihnen der Verlauf der Feldstreifen aufgefallen sein, die allesamt in Nord-Süd-Richtung angelegt sind. Vom Gipfel aus hat man einen noch besseren Überblick. Diese Flureinteilung geht auf den hier noch sehr verehrten Moorkolonisator Jürgen Christian Findorff zurück. Er hatte eine Verordnung von 1768 umgesetzt, indem er die ackerfähigen Flächen über den gesamten Berg in 24 Meter breite Streifen einteilte.

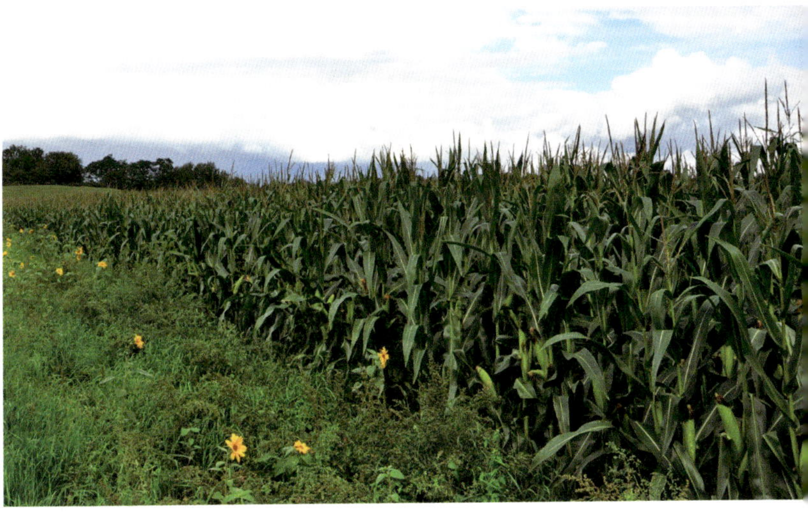

Ein Blühstreifen am Wegesrand, in seiner Nachbarschaft der heute leider unvermeidliche Mais

‹ Ausblick vom »Gipfel«

Auf alten Karten ist zu erkennen, dass er sie in der Reihenfolge der Hausnummern an die acht Vollbauern verteilte, sodass keiner zu kurz kommen konnte. Den Rest bekamen die unterprivilegierten Bauern, die Kötner.

Der Weyerberg blieb bei der letzten Eiszeit vor etwa 100.000 Jahren als Geestinsel stehen. Die Schmelzwasserströme schwemmten ihn nicht fort, weil sein Kern aus Ton und Lehm besteht. Die undurchlässigen Schichten sind auch dafür verantwortlich, dass es an vielen Stellen des Berges Quellen gibt. Sie wiederum ermöglichten die erste Besiedlung. Der Name Weyerberg ist also streng geologisch betrachtet nicht korrekt, denn er verweist auf eine vom Wind aufgewehte Düne (weien = wehen) - und das ist nun mal falsch. Diesem Trugschluss ist jedoch schon so mancher aufgesessen, zum Beispiel auch Rainer Maria Rilke, der in seiner bekannten Worpswede-Monografie (1903) von der vom Meer zurückgelassenen Düne schreibt, auf der Worpswede liege.

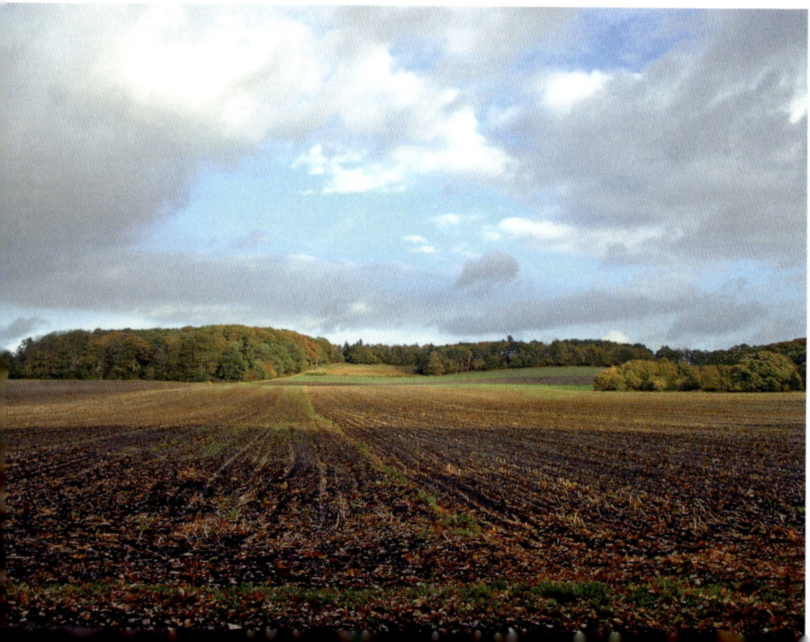

Bei der Sage vom Riesen Hüklüt, der für die Entstehung des Weyerberges verantwortlich gemacht wird, muss man sich über den Wahrheitsgehalt keine Gedanken machen. Eine Version berichtet davon, dass Hüklüt durch einen schlauen Bauern ins Moor gelockt wurde. Als der Riese diesen Hinterhalt bemerkte, soll er dem Bauern aus Zorn Sand hinterhergeworfen haben, den er in seiner Schürze trug. Der Sand habe sich dann zum heutigen Weyerberg aufgetürmt.

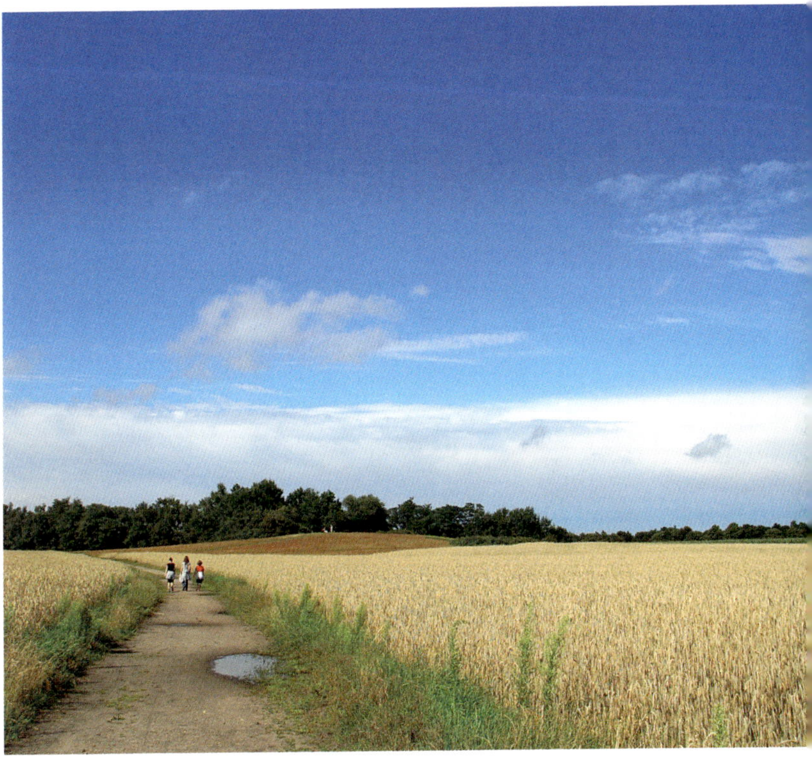

Der »Höhenweg« mit dem »Gipfel«

‹ Blick zum Weyerberg von Südwesten

Nach der kleinen Erholungspause in der »Höhenluft« gehen Sie auf dem unterhalb des Hügels vorbeiführenden Weg nach links. Nach einer Rechtsbiegung und etwa 500 Metern sehen Sie ein riesiges Monument aus roten Backsteinen, den ***Niedersachsenstein (7)****.*

Der **Niedersachsenstein**, eine der wohl größten expressionistischen Plastiken weltweit, ist ein weiteres Werk Bernhard Hoetgers in Worpswede. Der Einweihung im Spätsommer 1922 ging ein langjähriger Streit voraus. Dabei hatte alles im besten Einvernehmen angefangen. 1915 nach Ausbruch des Ersten Weltkrieges als Siegesmal geplant, wurde der Niedersachsenstein durch den Verlauf des Krieges zu einem Mahnmal für die Gefallenen. Das Gestaltungskonzept wandelte sich von einem drei Meter hohen Jüngling, der zum Licht strebt, in eine adlerähnliche Figur mit ihren nach Osten hin ausgebreiteten Flügeln, einer schwer zu entschlüsselnden Symbolik und einer steinernen Höhe von 12,5 Metern.

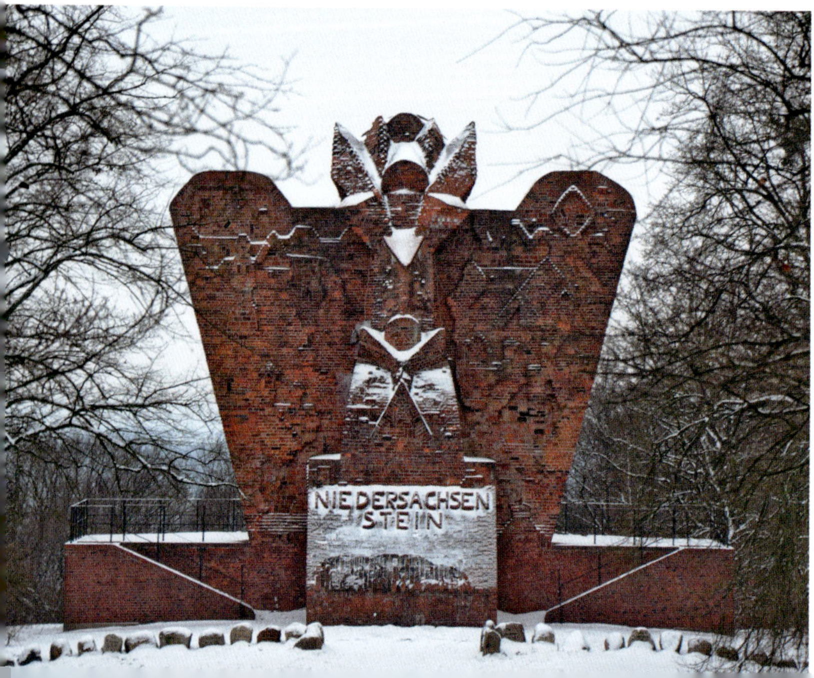

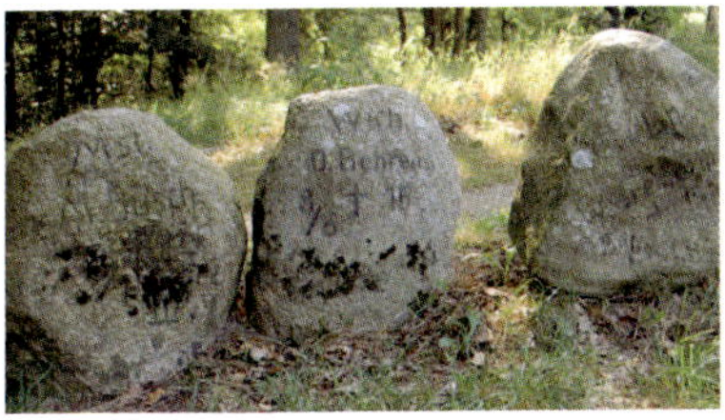

Die Gedenksteine erinnern an die Gefallenen des Ersten Weltkrieges

Aus früheren Befürwortern, allen voran der Maler Fritz Mackensen, wurden während der Bauphase jedoch vehemente Gegner. Die Fertigstellung sollte mit allen Mitteln verhindert werden. Mit dem Schlachtruf »Nie der Sachsenstein!« und »Nieder, Sachsenstein!« zogen sie gegen Hoetger zu Felde. Aber am Ende siegte der unkonventionelle Baumeister, unterstützt von seinem Mäzen Ludwig Roselius und so berühmten Architekten wie Peter Behrens und Walter Gropius.

Auf der pultähnlichen Tafel steht ein Satz aus dem Johannes-Evangelium: »Niemand hat größere Liebe denn die, dass er sein Leben lässet für seine Freunde.« Um den Niedersachsenstein herum sind 173 Findlinge gruppiert. Sie tragen die Namen von Soldaten aus Worpswede und umzu, die im Ersten Weltkrieg ihr Leben verloren.

*Ein **Abstecher** (siehe die gestrichelte Markierung auf dem Kartenausschnitt) führt Sie rechts vom Niedersachsenstein an einer Bank beginnend auf einen Waldweg. Auf ihm erreichen Sie mit einem Linksschwenk nach etwa 250 Metern abwärts am Waldrand einen quer verlaufenden Weg. Er heißt **Am Thiergarten (8)**.*

Die altertümliche Schreibweise **Am Thiergarten** deutet schon an, dass es sich um ein historisches Relikt handelt. Der Name steht im Zusammenhang mit dem bereits erwähnten Vorhaben des Landgrafen Friedrich von Hessen-Eschwege, sich auf dem heutigen Findorff-

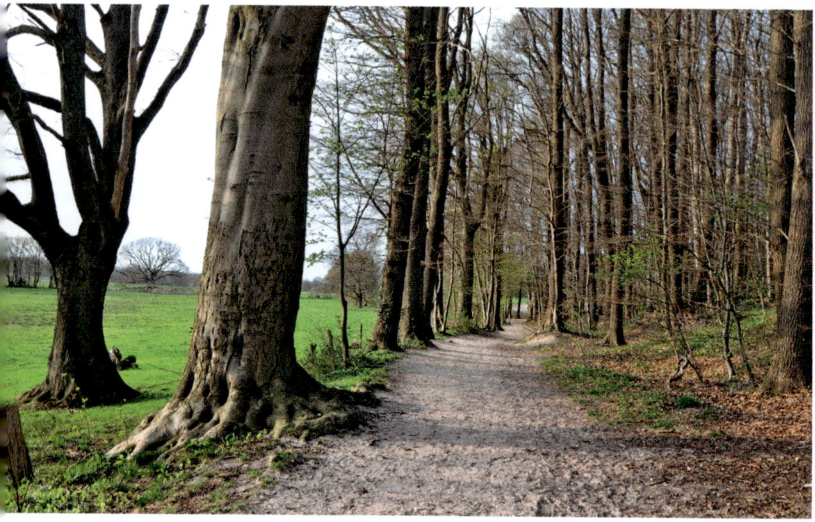

Der Weg Am Thiergarten mit Blick zur ehemaligen Mackensen-Eiche

berg ein Lustschloss zu bauen (siehe Spaziergang 4). Doch auch ohne Schloss und Tiergarten lohnt sich der Gang. Unter mächtigen Eichen und Buchen werden Sie mit einem herrlichen Ausblick auf die Feuchtwiesen belohnt.

Gehen Sie hier nach links. Beim Blick über die Wiesen werden Ihnen rechter Hand die vom Sturm zurückgelassenen Reste der Eiche nicht entgehen, deren Geschichte und frühere Schönheit beim Spaziergang 4 beschrieben werden. Nach etwa 150 Metern zweigt schräg nach links ein Waldweg ab, der Sie nach wenigen Schritten zur ***Pension Haus Niedersachsen (9)*** *führt.*

Die **Pension Haus Niedersachsen** hat eine interessante Geschichte. Der Zigarrenmacher Wilhelm Gieseke aus Bremen hatte sich hier zusammen mit seiner aus Worpswede stammenden Ehefrau Anna

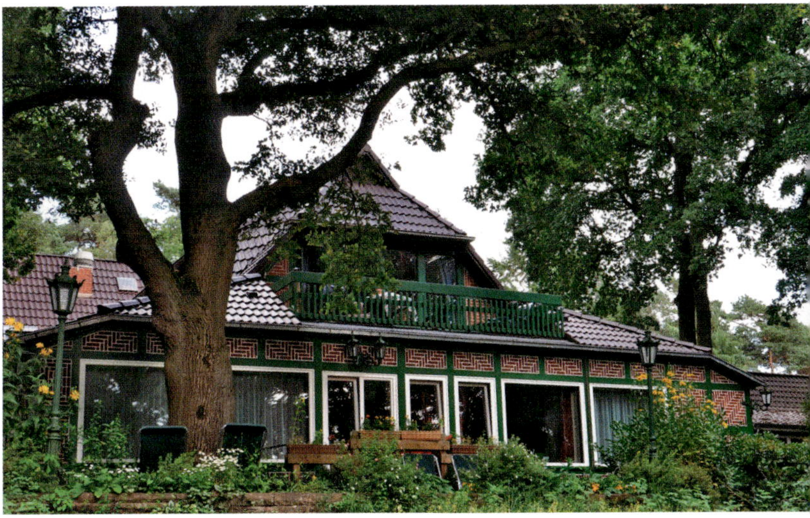

Die Pension Haus Niedersachsen

vor dem Ersten Weltkrieg niedergelassen, um im Heimbetrieb seiner Tätigkeit nachzugehen. Aufgrund des Zustroms von Besuchern des unweit gelegenen Niedersachsensteins eröffnete das Paar 1925 ein Kaffeehaus mit Pension namens Niedersachsenheim. Mit der Zuerkennung der Gaststättenkonzession wurden zu beiden Seiten des Haupthauses bauliche Erweiterungen vorgenommen. Über viele Jahrzehnte war das Haus, dem 1969 noch eine Veranda angefügt wurde, unter seinem früheren Namen »Kaffeehaus Niedersachsen« ein beliebtes Ausflugsziel für Besucher aus nah und fern. Seine Lage mit dem schönen Kaffeegarten, seine Einrichtung und nicht zuletzt sein ausgezeichnetes Speiseangebot (besonders der Kuchen) besaßen einen hervorragenden Ruf.

Die heutigen Besitzer aus der dritten Familiengeneration haben im Jahre 2010 das Ausflugslokal in eine attraktive Pension umgestaltet.

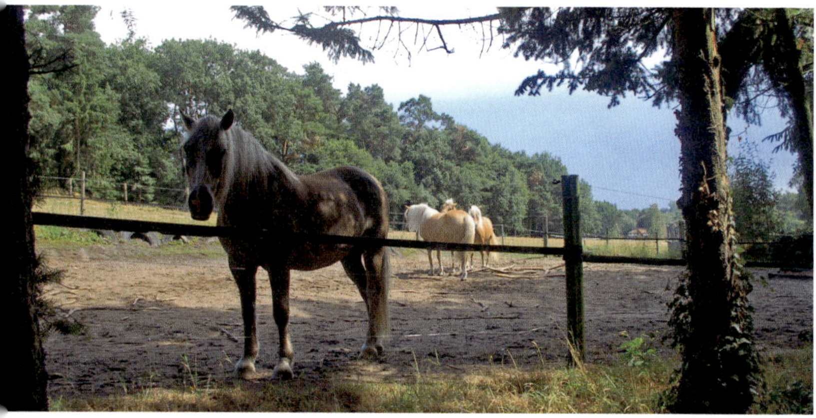

Die zur Pension Haus Niedersachsen gehörenden Pferde

Insofern können sich jetzt nur noch die Hausgäste an den in den Räumen hängenden Bildern aus verschiedenen Künstlergenerationen erfreuen. Deren Angebotsbreite reicht vom Fischerhuder Heinrich Breling über Heinrich Vogeler, Willi Ohler und den Expressionisten Friedrich Kunitzer bis hin zu Lisel Oppel, der zeitweiligen Nachbarin und engen Freundin von Anna und Wilhelm Gieseke.

Um den Hauptspaziergang wieder aufnehmen zu können, sollten Sie den Berg in Richtung des Niedersachsensteins »erklimmen«. Neben einem ***Nurdachhaus (10)****, dem Sie kurz Aufmerksamkeit widmen sollten, erreichen Sie die Freifläche.*

Wenige Meter vom Niedersachsenstein entfernt steht am Rande des sogenannten Heldenhains dieses unscheinbare **Nurdachhaus**. Dennoch hat es eine erwähnenswerte Geschichte. Im Stile der Moorkaten von dem Bildhauer Fred Ehlers, einem Mitarbeiter Hoetgers, 1921 erbaut, fanden hier unter anderem nicht kommerzielle Ausstellungen von Außenseitern statt, so der Worpsweder Expressionisten

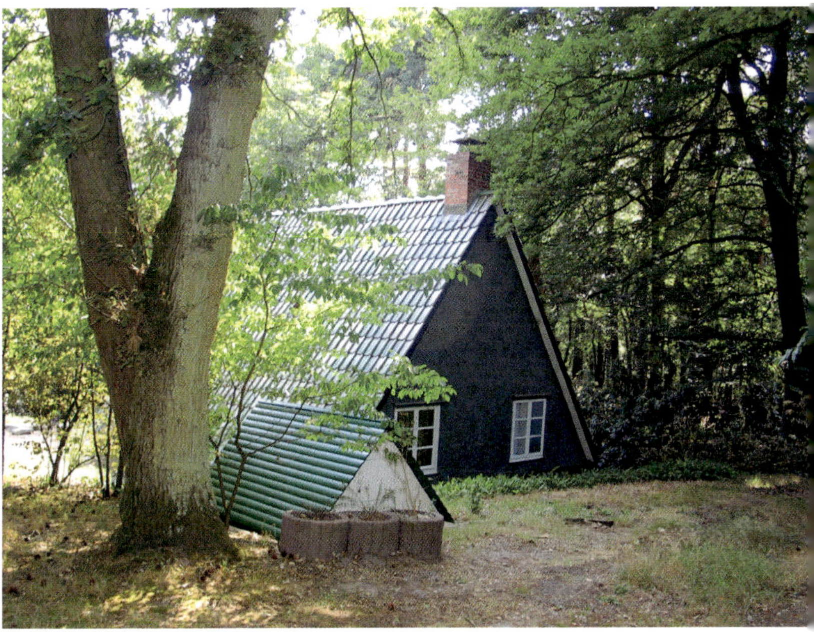

Das Nurdachhaus in der Nähe des Niedersachsensteins

Alfred Kollmar (1886-1937) und Willy Dammasch (1887-1983). Zwischenzeitlich diente die Worpsweder Hütte oder die kleine Moorhütte - so ihre Namen - auch zum Verkauf von Erfrischungen und Kunsthandwerk. 1954 wurde das Haus, damals noch mit Reetdach, aber ohne fließendes Wasser, zur Wohn- und Arbeitsstätte der Malerin Lisel Oppel (1897-1960). Dass sie schon mal einen Zettel mit dem Vermerk »Bin gleich zurück« an die Tür heftete und erst Monate später von einem Afrika-Aufenthalt zurückkehrte, gehörte zu ihrem unangepassten Lebensstil.

*Für den Rückweg biegen Sie nach Verlassen der Freifläche links in einen wunderschönen Panoramaweg ab, den **Lisel-Oppel-Weg (11)**.*

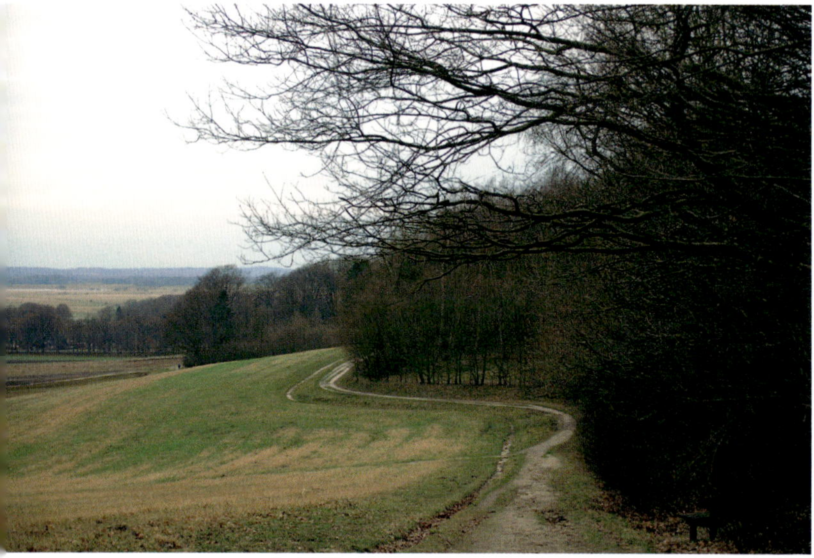

Der Lisel-Oppel-Weg mit Blick in die Hammelandschaft

Dieser wohl schönste Panoramaweg am Weyerberg trägt den Namen einer recht unkonventionellen Worpsweder Malerin aus der sogenannten zweiten Generation. **Lisel Oppel** kam 1919 nach Worpswede. Wie oft mag sie diesen Weg gegangen sein, wenn sie aus dem in der Nähe gelegenen Nurdachhaus zu ihren langen Spaziergängen hinunter an die Hamme oder zu Freunden im Dorf bzw. gar zu ihren Reisen in die weite Welt aufbrach? Bedürfnislos wie sie war, wird sie wenig bei sich getragen haben – nur erfüllt von der Sehnsucht, frei von allen gesellschaftlichen Konventionen zu sein.

Dieser Weg führt Sie zum Susenbarg. Gehen Sie dort nach links. Am Waldrand treffen Sie auf den Fritz-Mackensen-Weg. Wenden Sie sich nach rechts und Sie gelangen unterhalb des Mackensen-Hauses in die Ortsmitte.

Auf diesem Spaziergang gab es keine Besichtigungsmöglichkeiten in geschlossenen Räumen, dafür aber viele Attraktionen in Natur und Landschaft. Vielleicht haben Sie heute ja etwas von dem erfahren, was Rainer Maria Rilke 1903 in der Worpswede-Monografie wie folgt beschrieben hat: »Es ist ein seltsames Land. Wenn man auf dem kleinen Sandberg von Worpswede steht, kann man es ringsum ausgebreitet sehen, ähnlich jenen Bauerntüchern, die auf dunklem Grund Ecken tief leuchtender Blumen zeigen. Flach liegt es da, fast ohne Falte, und die Wege und Wasserläufe führen weit in den Horizont hinein. Dort beginnt ein Himmel von unbeschreiblicher Veränderbarkeit und Größe.«

Spaziergang 6

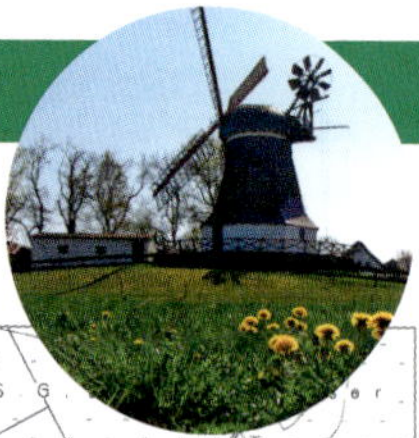

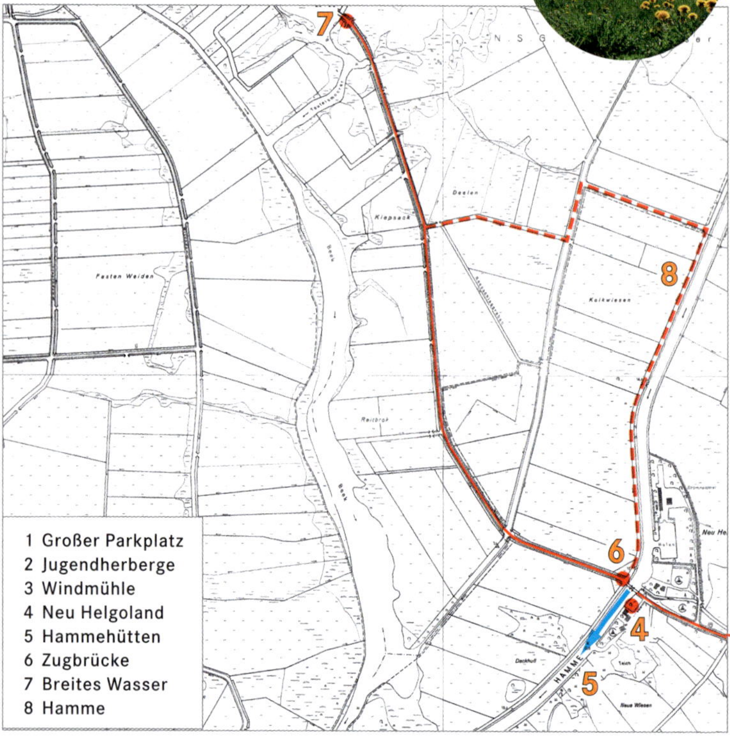

Stationen des Hauptweges:
Windmühle – Neu Helgoland – Breites Wasser
Station des Abstechers:
Hamme

Länge der Fahrstrecke (hin und zurück): etwa 6,5 Kilometer
Länge des Spaziergangs: etwa 3,8 Kilometer
Länge mit Abstecher: etwa 4,5 Kilometer
Der Spaziergang führt über gut zu begehende Sand- und Graswege in absolut flachem Gelände.

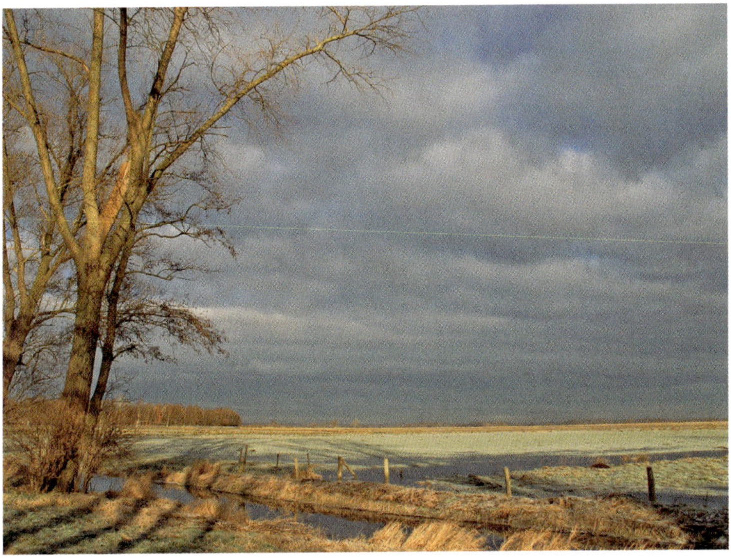

Während der Fahrt – die Hammewiesen

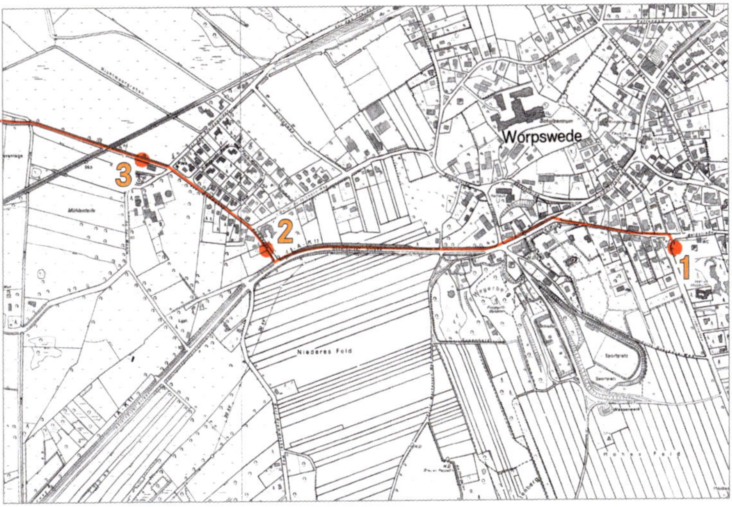

*Die **Spazierfahrt** und der sich anschließende **Spaziergang 6** beginnen am **großen Parkplatz (1)**. Fahren Sie nach rechts und biegen am Gasthof Hemberg links ab in die Hembergstraße. Nach etwa 500 Metern fahren Sie links in die Findorffstraße und vorbei am Hotel Worpsweder Tor aus dem Ort in Richtung Osterholz-Scharmbeck. Etwa 600 Meter hinter dem Ortsausgangsschild biegen Sie rechts in den Hammeweg ein. An der Ecke passieren Sie dabei die rechts gelegene **Jugendherberge (2)**.*

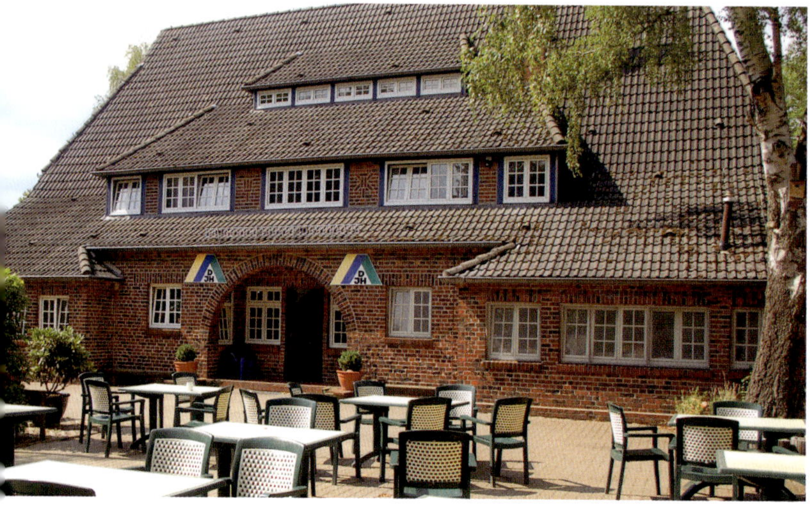

Die stark frequentierte Jugendherberge

An der Stelle der **Jugendherberge** stand früher ein Bauernhof, der aus dem Ortskern, also der Bauernreihe, ausgesiedelt worden war. Die Hofstelle hatte dort die Hausnummer 11 – diese Nummer fehlt bis heute in der Bauernreihe – und gehörte somit zu den ältesten in Worpswede. An ihrem alten Platz war sie aber 1865 abgebrannt und hierher verlegt worden. Am neuen Platz ereilte sie 1921 noch einmal das gleiche Schicksal. 1931 erwarb der Oldenburgische Turnerbund das brachliegende Grundstück, um darauf eine Jugendherberge zu bauen. Sie wurde 1932 eingeweiht. Ein Foto im Haus verweist darauf, dass sich Sophie Scholl im Jahre 1942 – wenige Monate vor ihrer Hinrichtung durch die Nazis – für einige Zeit hier aufgehalten hat.

Nach einigen Erweiterungsbauten und mit einer Kapazität von 164 Betten in 37 Zimmern erfreut sich die einzige Jugendherberge des Landkreises eines außerordentlich regen nationalen und internationalen Zuspruchs. Mit mehr als 20.000 Übernachtungen pro Jahr – darunter viele Schulklassen – stellt sie einen gewichtigen Wirtschaftsfaktor für die Gemeinde dar.

Nach weiteren 800 Metern auf dem Hammeweg erreichen Sie links die ***Windmühle (3)****.*

Wie die Zionskirche auf dem Berg, so gehört die **Windmühle** in der weiten Hammeniederung zu den Wahrzeichen Worpswedes. Die Künstler haben sie unzählige Male als Motiv verewigt. Der sogenannte Erd- oder Wallholländer steht hier seit 1838 auf einer kleinen Anhöhe. Da sich die Ratten bei den häufigen Überschwemmungen auf den kleinen Hügel flüchteten, heißt er auch »Rattenberg«.

Mit ihren intakten Mahlwerken ist die Mühle nach wie vor voll funktionsfähig. Allerdings dient sie nach einigen aufwendigen Reparaturen und Restaurierungen nur noch zu Vorführzwecken, für die die Mitglieder des engagierten Vereins »Freunde Worpswedes« zur Verfügung stehen.

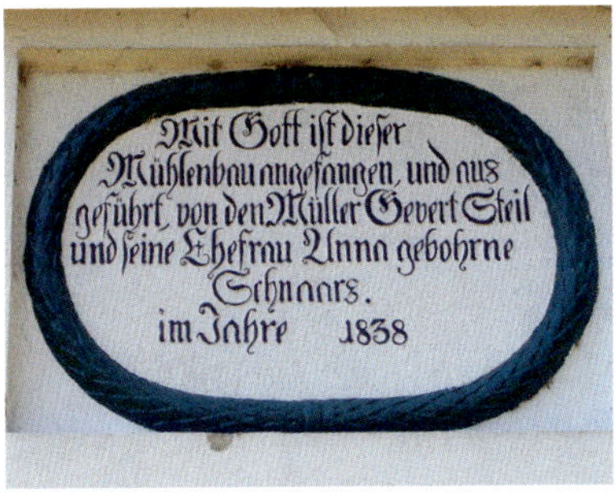

Hinweis auf die ersten Eigentümer

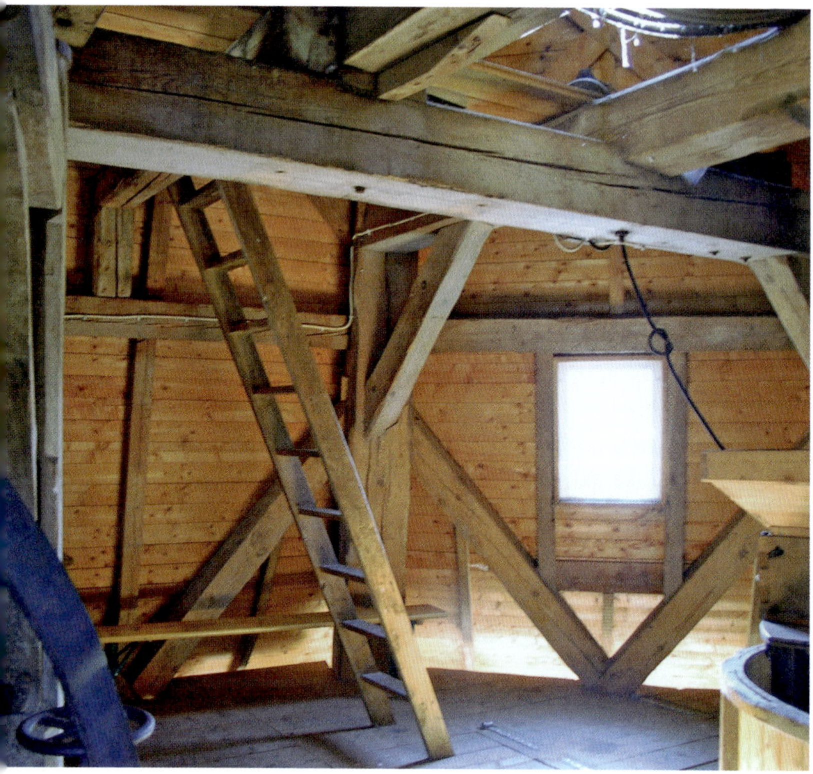

Einblick in das intakte Innere der Mühle

Vor dem Bau dieser Mühle stand hier seit 1701 eine sogenannte Bockwindmühle, bei der das gesamte Mühlenhaus in den Wind gedreht werden musste. Beim Holländer wird nur der Mühlenkopf bewegt, früher durch einen Steert, jetzt durch die am Kopf angebrachte Windrose. Schon die erste Bockwindmühle sorgte dafür, dass die Bauern nicht mehr die beschwerlichen Wege über Dämme, Gräben und Flüsse in die Klostermühlen in Lilienthal und Osterholz zurücklegen mussten.

Die Worpsweder Windmühle von 1838 ❯

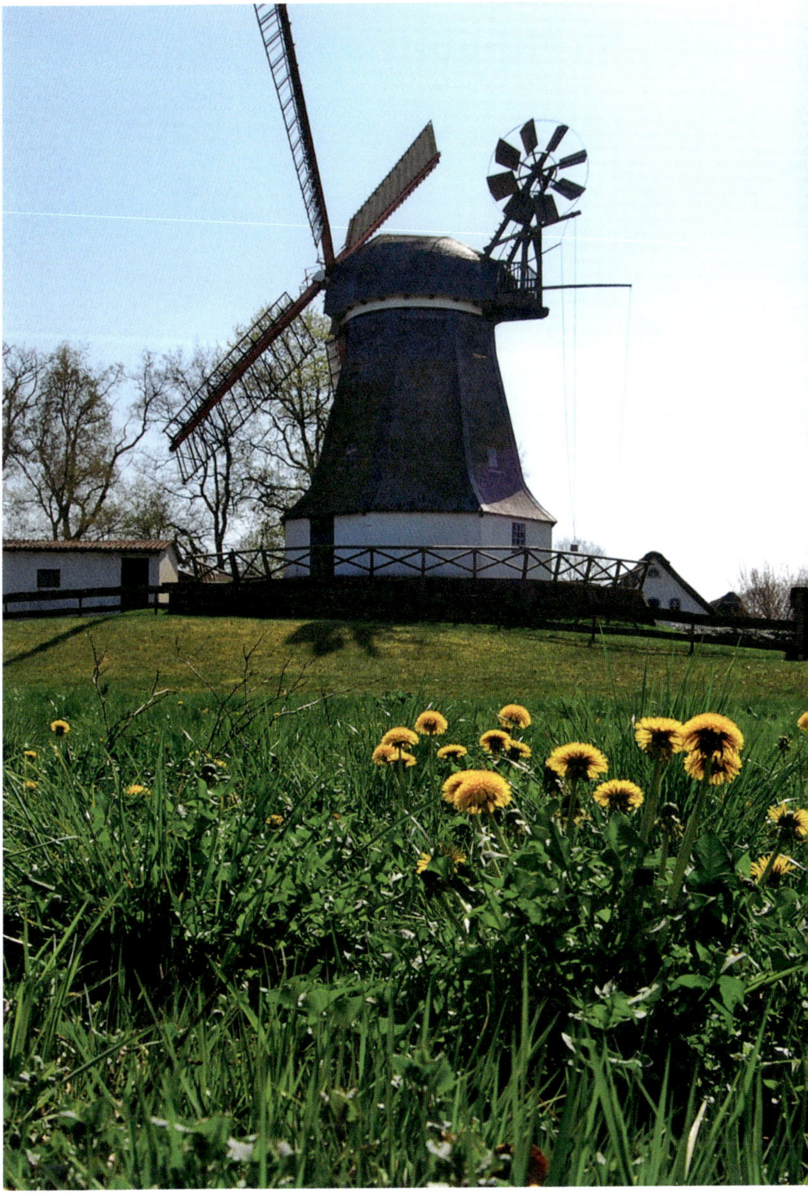

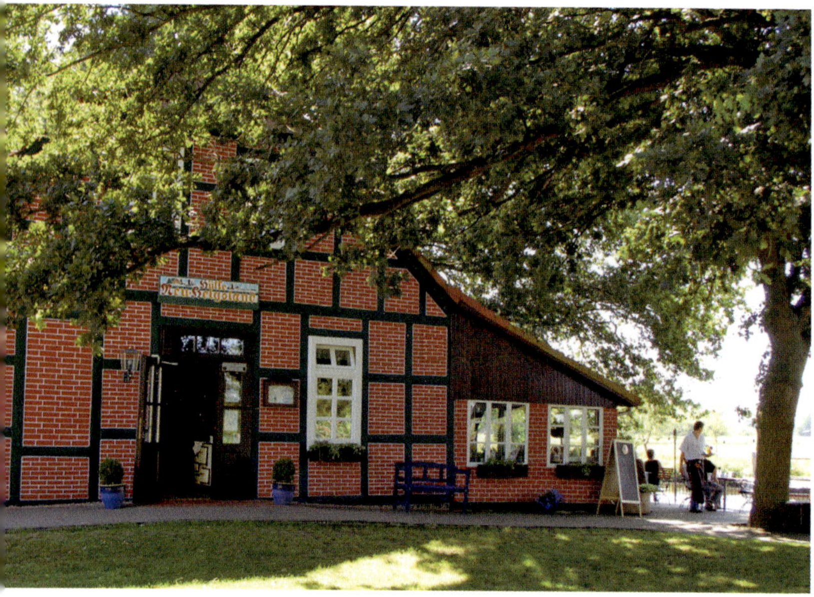

Die Ausflugsgaststätte Neu Helgoland

Von der Mühle aus fahren Sie noch gut einen Kilometer weiter bis zur Hamme. Dort erreichen Sie ein beliebtes Ausflugslokal, das den eigenartigen Namen ***Neu Helgoland (4)*** *trägt.*

Als die Hamme ab Mitte des 18. Jahrhunderts von Torfkähnen befahren wurde, waren einzelne Haltestellen nötig. Findige Leute errichteten zuerst einige einfache Schutzhütten aus Brettern. Wegen des winterlichen Hochwassers blieben diese allerdings nur im Sommer und Herbst stehen. In ihnen konnten die Torfschiffer während ihrer mehrtägigen Fahrten, zum Beispiel nach Bremen und zurück, Rast machen, sich aufwärmen, neueste Nachrichten erfahren, kleinere Einkäufe tätigen, vor allem aber den einen oder anderen zur Brust nehmen.

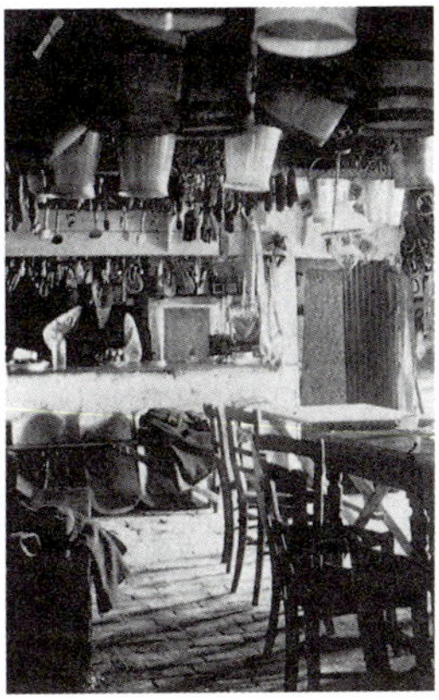

Die Gastwirtschaft um 1900

Neu Helgoland war – allerdings anfangs unter anderen Namen – eine jener Hütten. Nach dem Bau der Ritterhuder Schleuse und der damit verbundenen Möglichkeit, den Wasserstand zu regulieren, konnte die Bleibe dauerhafter werden. 1874 baute der Schenkwirt Grimm auf einer kleinen Insel ein massives Haus aus Ziegelsteinen, das nach ihm benannt »Grimms Hütte« hieß. Das reichhaltige Warenangebot des Gastwirts hing raum- und platzsparend unter der Decke an Haken, weshalb man auch von einem Hakenhändler sprach.

Um 1900 übernahm Grimms Schwiegersohn, der Zimmermann Bunger, die Wirtschaft. Er ließ das Haus jedoch abreißen und 1905 durch ein größeres Fachwerkhaus mit überdachter Veranda ersetzen. Der Plan hierfür kam vom bekannten Bremer Architekten Hugo Wagner und der Verschönerungsverein Worpswede hatte sogar eine Anerkennung »für das beim Bau bewiesene Interesse an den Bestrebungen des Heimatschutzes« ausgesprochen.

Da Bunger durch den Bau der Eisenbahnstrecke von Osterholz über Worpswede bis nach Bremervörde ab 1909 aber einen Rückgang der Personenschifffahrt befürchtete, wanderte er nach Brasilien aus (und soll es dort zu einigem Wohlstand gebracht haben). Neu Helgoland jedoch blieb bestehen und bekam bis auf den heutigen Tag mehr als eine Handvoll neue Pächter. Im Jahre 1933 wurde das nebenstehende Wohnhaus gebaut, das dem Anwesen sein heutiges Aussehen gab. Bis Anfang des 20. Jahrhunderts existierte vor der Gastwirtschaft ein kleines Hafenbecken. Es wurde zugeschüttet und durch eine Rasenfläche ersetzt.

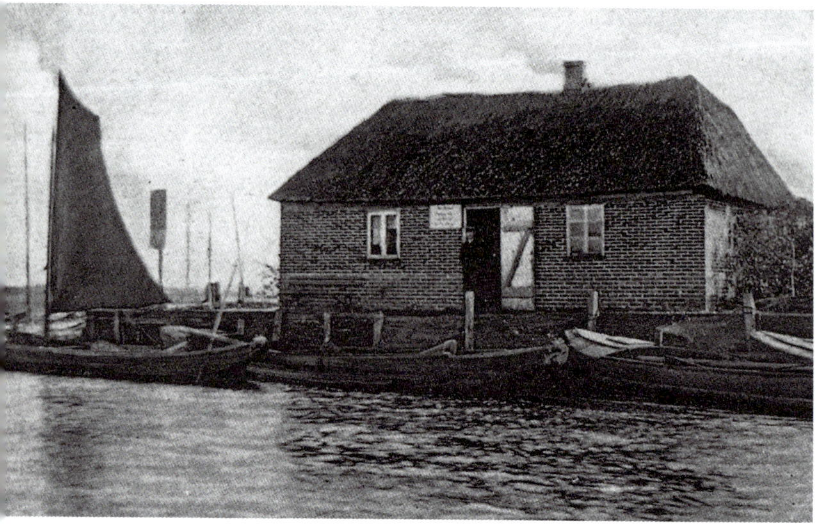

Grimms bzw. Bungers Hütte mit dem links gelegenen Hafen

Als neueste Errungenschaft wurde hier einige Meter flussaufwärts 2006 in Erinnerung an frühere Zeiten wieder eine Badestelle, Hammestrand genannt, eingerichtet und in der kleinen Bucht ein Sandstrand aufgeschüttet. Der Zugang zum Wasser ist seicht und daher auch für Kinder gut geeignet. Zudem sind auf dem Wiesengelände am Rande des Campingplatzes die notwendigen sanitären Einrichtungen vorhanden. Und auch das braune Moorwasser sollte nicht davon abhalten, ins kühle Nass einzutauchen, denn Kenner meinen, es wäre besonders gesund!

Nebenan können Sie die schwarzen Torfkähne der Adolphsdorfer Torfschiffer betrachten, die hier ihre Anlegestelle haben. Und noch ein knappes Stück nach rechts hat sich seit einigen Jahren mit dem »Hammehafen« ein weiteres Lokal etabliert, von dem man dem Treiben an und auf dem Fluss zuschauen kann.

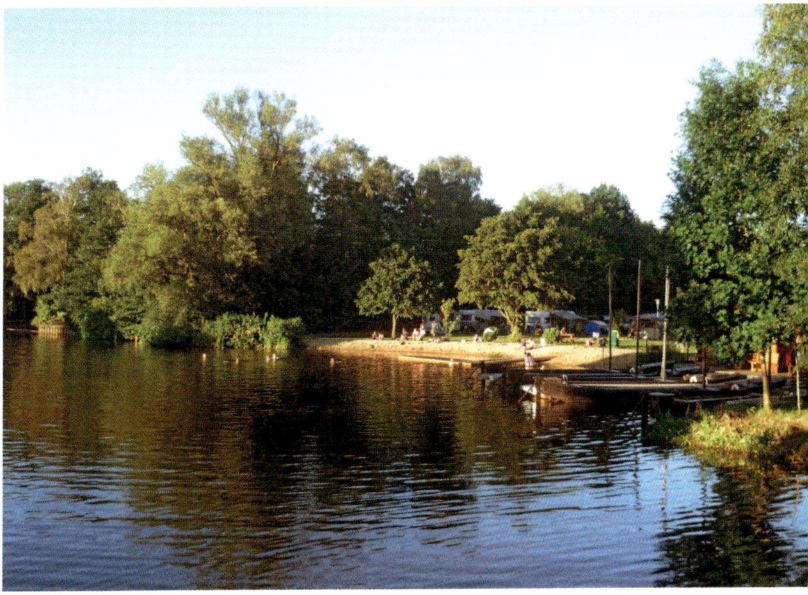

Die Badestelle bei Neu Helgoland

Offen sind hier noch der Name Neu Helgoland und seine Erklärung. Der etwas eigenartige Name hat mit der kaisertreu-patriotischen Gesinnung unter Wilhelm II. zu tun. 1890 wurde das seit 1807 britische Helgoland durch den »Vertrag über Kolonien und Helgoland« deutsch, weil das Deutsche Reich die britische Oberhoheit über die Insel Sansibar im Indischen Ozean anerkannte. Der Name Neu Helgoland sollte an dieses Ereignis erinnern. Er hat die Zeiten überdauert, ganz im Gegensatz zu den Namen anderer Hammehütten.

Mit dem Paddelboot, bei einer Torfkahnfahrt oder auf einem Fahrgastschiff können Sie flussabwärts auch eine der anderen heute noch existierenden ***Hammehütten (5)*** *erreichen.*

Unterhalb von Neu Helgoland gab es einmal in kurzer Entfernung drei weitere **Hammehütten**, von denen jetzt nur noch eine als solche Bestand hat. Alle lagen in der Nähe einer Flusserweiterung, der sogenannten Holzstelle (auch Haltestelle aus dem niederdeutschen Holtstelle). Hier hielten bzw. wendeten nämlich früher die sogenannten Bockschiffe, deren Kapitäne den Leuten aus dem Moor den Torf aus ihren Kähnen abkauften. Der Handel wurde mit einem Umtrunk in einer der Hütten am Ufer besiegelt. Um eine dieser Hütten - sie lag auf einer Insel in der nahen Beekmündung, dem sogenannten Nadelkissen - ranken sich manche Geschichten. Sie soll von einer Frau bewirtschaftet worden und eines Tages mit der gesamten Insel bei einer größeren Überschwemmung versunken sein.

Dagegen ist die nach ihrem ehemaligen Besitzer benannte **Melchers Hütte**, zeitweise auch nach einem anderen Besitzer Buschkaroff-Hütte, heute noch in Betrieb. In der Kaiserzeit hieß sie nach der damaligen afrikanischen Kolonie Neu Kamerun. Sie war 1951 abgebrannt und danach mit einem aus dem Jahre 1792 stammenden

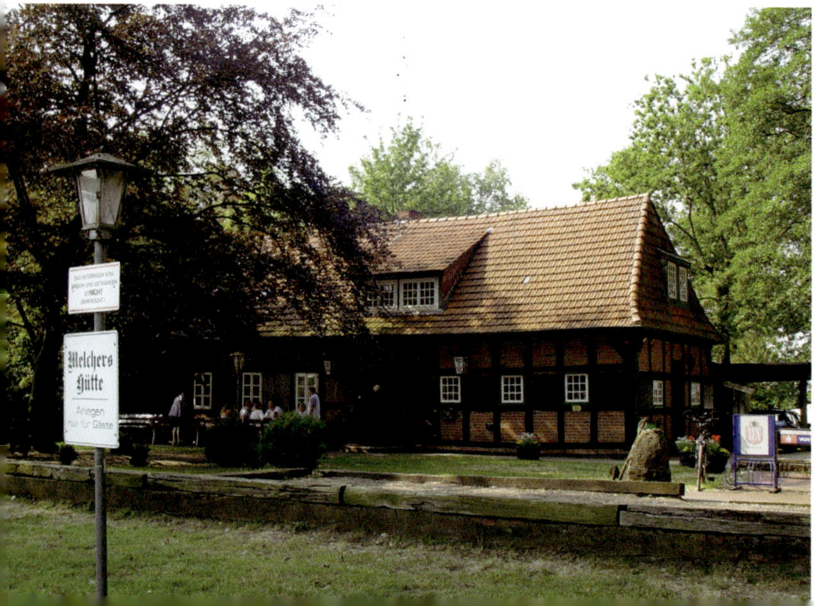

Fachwerkhaus aus Tarmstedt neu aufgebaut worden. Seit September 2006 ist sie durch eine neue Hammebrücke von der Worpsweder Seite her für Fußgänger und Radfahrer noch besser zu erreichen.

In unmittelbarer Nachbarschaft davon gab es früher zudem noch die Hütte Kiautschau, benannt nach der kaiserlichen Kolonie an der Pazifikküste Chinas. Nach dem Ersten Weltkrieg verloren einige der Hütten ihren Namen, so auch Kiautschau. Da der damalige Besitzer den anrüchigen Namen Albert Puff hatte, hieß sie nun Puffs Hütte. Besonders beliebt war – aber ohne Hintergedanken! – Mutter Puffs Heuboden. Im Gästebuch finden sich Einträge wie »Schön ist die Liebe, schön ist der Suff, das Leben und Treiben bei Mutter Puff«. 1925 wurde der Hüttenbetrieb jedoch eingestellt.

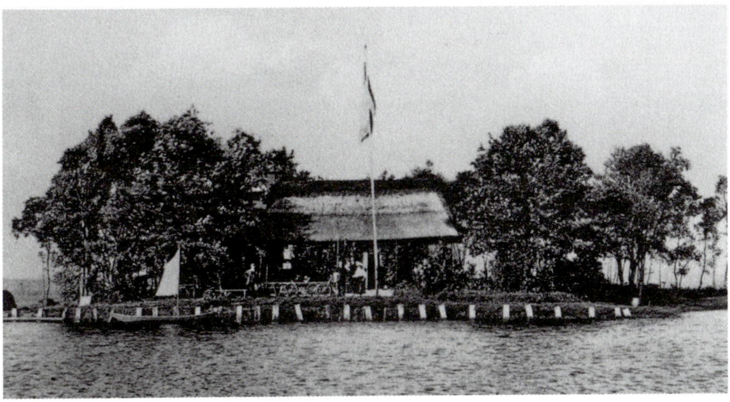

Die Hammehütte Kiautschau

*Der **Spaziergang 6** soll in die wunderschöne Hammelandschaft führen. Gehen Sie über die **Zugbrücke (6)** bei Neu Helgoland und folgen Sie dem Sandweg geradeaus in westlicher Richtung.*

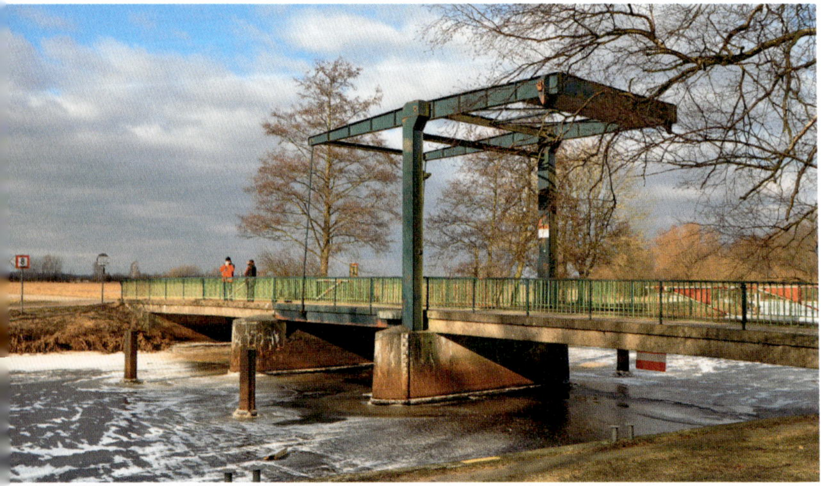

Die Zugbrücke im holländischen Stil

Vor der heutigen **Zugbrücke** existierte an dieser Stelle ab 1934 eine Fähre. Zwei Torfkähne waren zu einer Plattform verbunden. Die Fähre wurde 1948 durch eine handbetriebene hölzerne Klappbrücke abgelöst, die die Ufer der Hamme erstmals fest miteinander verband. Für größere Torfkähne wurde sie mithilfe einer Kurbelwinde hochgezogen. Die heutige Beton-Stahlbrücke entstand 1957/58 im Zuge der Begradigung und Verbreiterung der Hamme sowie der gestiegenen landwirtschaftlichen Nutzung der Hammeniederung. Die im holländischen Stil erbaute Zugbrücke dient neben Fuß- und Radwanderern ausschließlich dem landwirtschaftlichen Verkehr. Der ursprünglich geplante Bau einer Kreisstraße kam nicht zustande. Stattdessen führt nun ein Sandweg durch das hier beginnende Naturschutzgebiet. Wenn größere Schiffe passieren wollen, gehört es zu den Aufgaben des Wirts von Neu Helgoland, die Zugbrücke zu betätigen. Seit 1986 besitzt die Brücke den Status eines Kulturdenkmals.

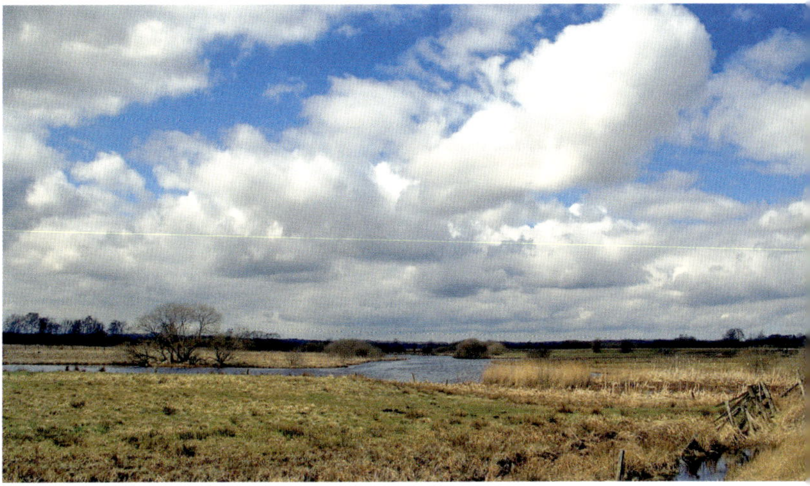

Die Landschaft am Breiten Wasser

Nach etwa 1,8 Kilometern erreichen Sie eine erste und gut 100 Meter weiter eine zweite Brücke. Hier, am Endpunkt des Spaziergangs, stehen Sie am ***Breiten Wasser (7)****, einem Naturschutzgebiet in der unteren Hammeniederung.*

Bis weit in das 19. Jahrhundert hinein waren die Hamme und ihr Nebenfluss, die Beek, über das sogenannte **Breite Wasser**, eine verzweigte Seenlandschaft, miteinander verbunden. Seit der Begradigung der Hamme ist diese Verbindung abgeschnitten - mit der Folge, dass die verbliebenen Seen keine Durchströmung mehr erfahren und zunehmend verlanden.

Dennoch beherbergt die naturbelassene Landschaft um das Breite Wasser mit ihren restlichen Wasserflächen eine einzigartige Pflanzen- und Tierwelt, die noch ein wenig von der Vergangenheit erahnen lässt. Vor allem die Vögel nutzen das Breite Wasser als Nahrungs-,

Brut- und Überwinterungsbiotop. Da sind Rotschenkel, Bekassinen und Uferschnepfen ebenso anzutreffen wie Schafstelzen, Kiebitze, Kampfläufer, Wildgänse, Kraniche und Schwäne. Aber auch die Wiesen und Gräben zeigen eine Pflanzenvielfalt, wie sie an anderen Stellen unserer überdüngten Landschaft nicht mehr zu sehen ist.

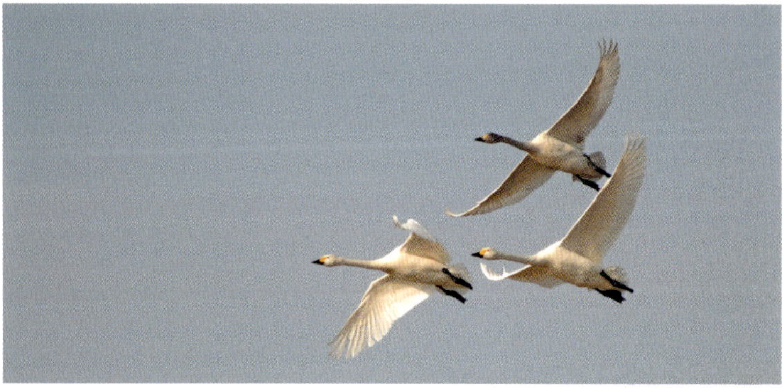

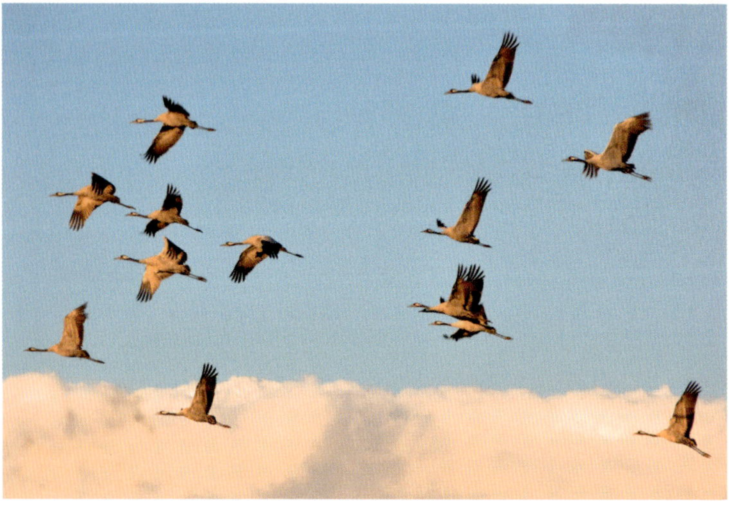

Singschwäne und Kraniche über dem Naturschutzgebiet Breites Wasser

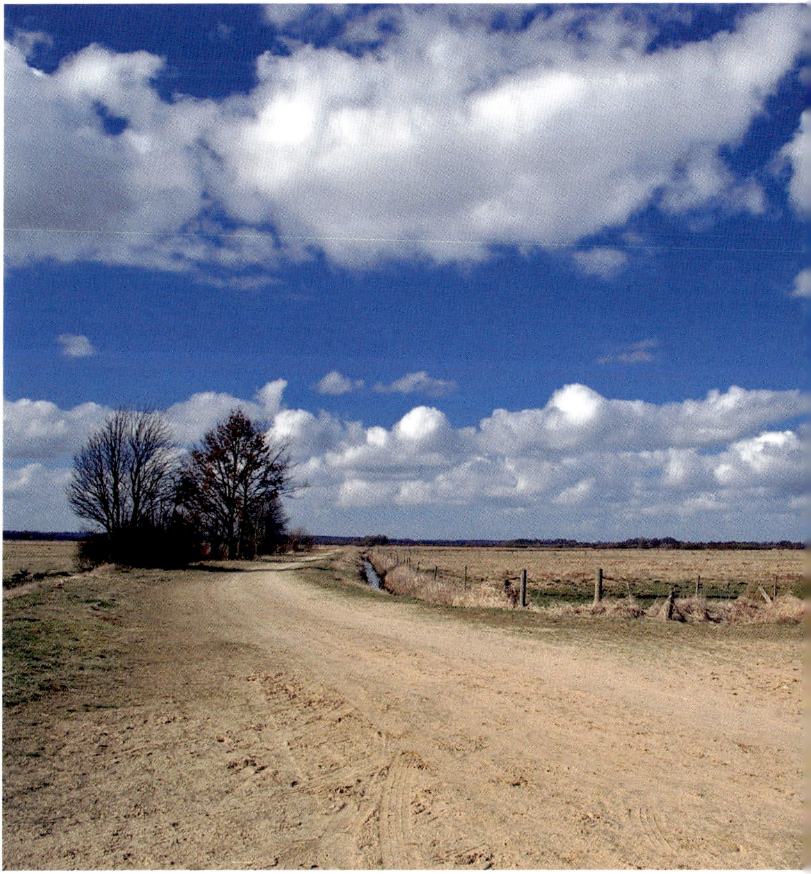

Wanderung am Breiten Wasser

Man mag sich gar nicht vorstellen, dass es in den 1970er-Jahren ernsthafte Bemühungen gegeben hat, hier ein Hochwasser-Rückhaltebecken zu bauen. Dieser sogenannte Teufelsmoorsee sollte auch dem Wassersport, Badebetrieb und anderen Freizeitaktivitäten dienen. Glücklicherweise konnte dieses Projekt verhindert werden.

*Ein **Abstecher** (siehe die gestrichelte Markierung auf dem Kartenausschnitt) führt Sie nach etwa 700 Metern links in einen von Gräben gesäumten Weg. Mit einem Schwenk nach links und wieder rechts kommen Sie bald zur **Hamme (8)** und an ihr entlang nach etwa 1,2 Kilometern wieder nach Neu Helgoland.*

Die **Hamme** entspringt nordwestlich von Osterholz-Scharmbeck als Giehler Bach. Erst nach der Vereinigung mit dem aus nordöstlicher Richtung kommenden Flüsschen Kollbeck etwa zehn Kilometer nördlich von Worpswede erhält der Fluss seinen Namen. Südwestlich von Ritterhude verliert die Hamme ihren Namen schon wieder. Dort vereinigt sie sich mit der Wümme zur Lesum. Diese wiederum erreicht nach etwa zehn Kilometern bei Vegesack die Weser.

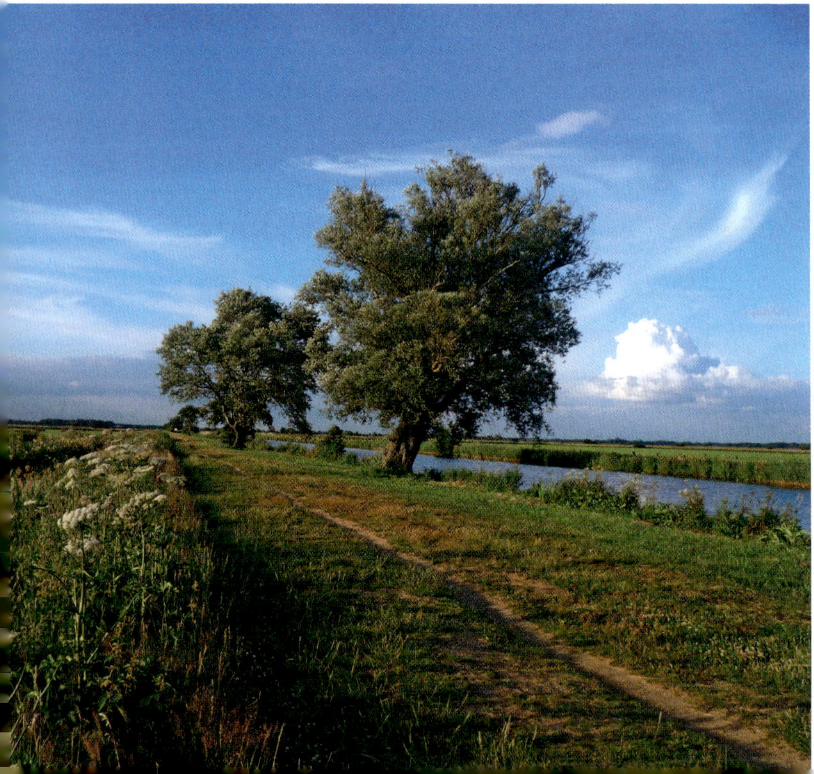

Bis weit ins 19. Jahrhundert hinein bot die Hamme, wie der Heimatschriftsteller Heinrich Schriefer 1907 feststellte, »ein wahres Wirrsal von Krümmungen«. An manchen Stellen »konnten sich die Schiffer, die dem Flusslaufe nach fast eine halbe Stunde von einander entfernt waren, ganz bequem sehen und mit einander sprechen«. Das ist vorbei, seit die Hamme in vielen Teilen begradigt wurde, um den Torftransport nach Bremen zu beschleunigen.

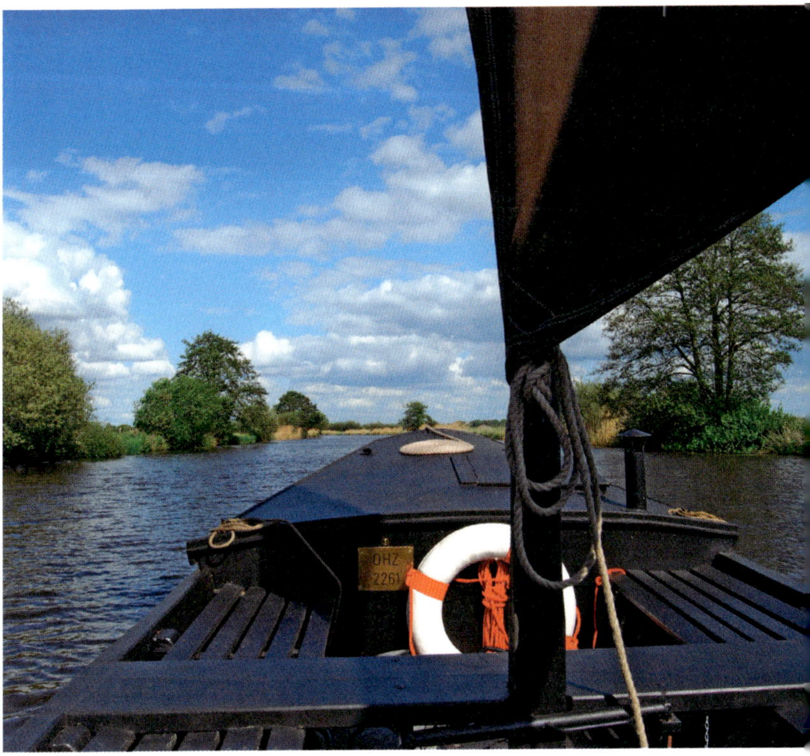

Torfkahnfahrt auf der Hamme

‹ Blick auf die Hamme

Seit dem Bau der Ritterhuder Schleuse mit Sperrwerk 1874/75 haben Ebbe und Flut keinen Einfluss mehr. Auch die winterlichen Überschwemmungen mit der düngenden Wirkung der Sinkstoffe gehören der Vergangenheit an – und damit leider auch meistens das Vergnügen, die vereisten Flächen für das Schlittschuhlaufen – in günstigen Jahren bis Bremen – nutzen zu können! Schon Paula Modersohn-Becker, übrigens eine begeisterte und begabte Schlittschuhläuferin, hatte sich zusammen mit ihren Künstlerfreundinnen und -freunden daran vergnügt.

Von Neu Helgoland aus bleibt Ihnen nur der Weg zur Rückfahrt, den Sie bereits zur Herfahrt benutzt haben.

Aber vorher sollten Sie auf jeden Fall hier oder beim unweit entfernt gelegenen Hammehafen einen Aufenthalt auf der Flussterrasse einplanen – am besten gegen Abend, wenn über den Hügeln der Geest die Sonne untergeht. Die Speisen und Getränke schmecken in dieser Umgebung derart vorzüglich, dass Sie sich fragen werden, weshalb Sie diese Kleinode nicht schon früher entdeckt haben.

Zum Schluss

Vom Bonzen des Humors bis zum Abendrot am Hammeufer: Der Besuchs- und Besichtigungskreis hat sich geschlossen. Hoffentlich haben Ihnen die Stunden in Worpswede gefallen.

Wenn dieses Buch dabei ein willkommener Begleiter gewesen ist, freuen sich der Autor, die Fotografin und der Verlag!

Auf Wiedersehen in Worpswede ❯

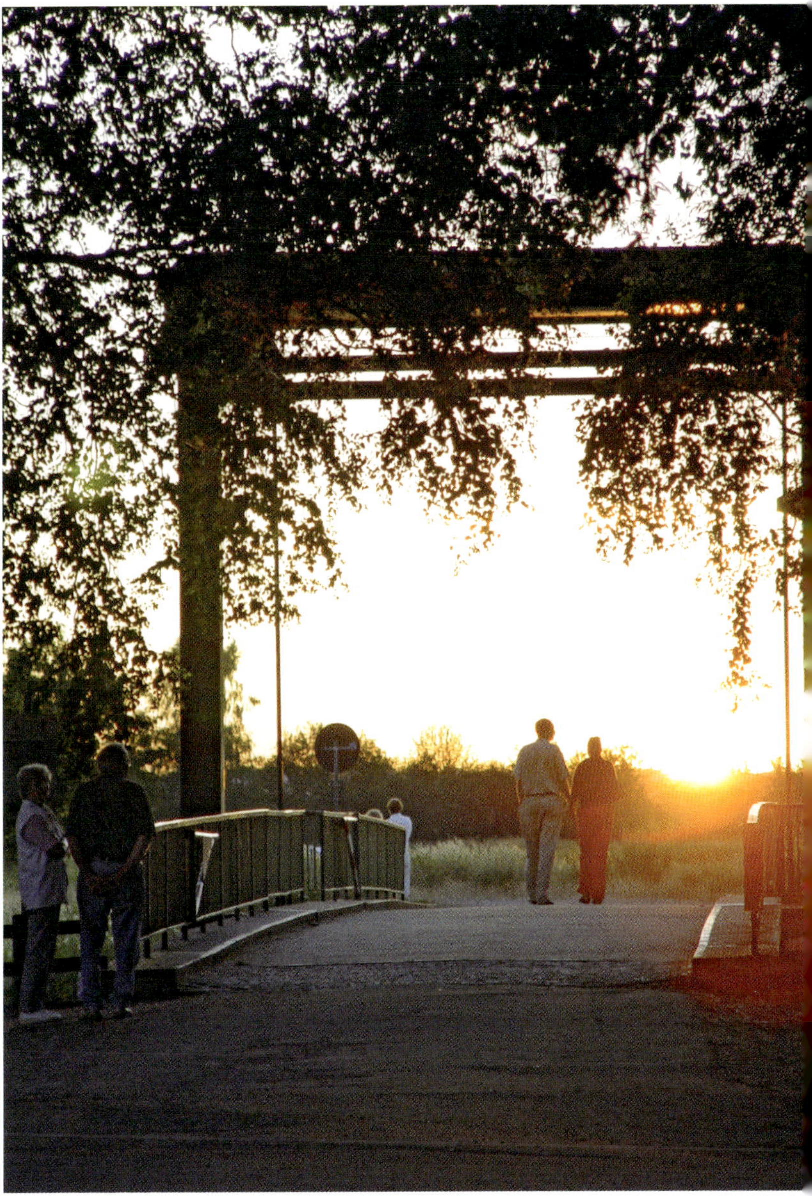

Stichwortverzeichnis

Die vorangestellten Ziffern verweisen auf den jeweiligen Spaziergang, die Seitenangaben auf die ausführliche Beschreibung des Orts.

Die vorangestellten Ziffern verweisen auf den jeweiligen Spaziergang.

Tourist-Information

(2) Gästeinformation für Worpswede und das Teufelsmoor
Bergstraße 13, 27726 Worpswede; Tel. 04792/93 58 20;
www.worpswede.de
www.kulturland-teufelsmoor.de

Museen

(1) Barkenhoff/Heinrich-Vogeler-Museum, Ostendorfer Straße 10; Tel. 04792/39 68; www.worpswede-museen.de/barkenhoff
(1) Große Kunstschau Worpswede, Lindenallee 5; Tel. 04792/13 02; www.worpswede-museen.de/grosse-kunstschau
(3) Haus im Schluh/Heinrich-Vogeler-Sammlung, Im Schluh 35–37; Tel. 04792/95 00 61 und 522; www.worpswede-museen.de/haus-im-schluh
(1) Käseglocke, Lindenallee 13; Tel. 04792/95 05 05
(3) Museum am Modersohn-Haus, Hembergstraße 19; Tel. 04792/47 77; www.museum-modersohn.de
(4) Worpsweder Kunsthalle, Bergstraße 17; Tel. 04792/12 77; www.worpswede-museen.de/worpsweder-kunsthalle

Galerien

(4) DIE GALERIE, Klaus Schoppe, Bergstraße 35; Tel. 04792/71 37; www.klaus-schoppe.de
(4) Galerie Cohrs-Zirus, Bergstraße 33; Tel. 04792/17 48; www.galerie-cohrs-zirus-worpswede.de
(3) Kunstcentrum Alte Molkerei, Osterweder Straße 21; Tel. 04792/5 29 79 36; www.alte-molkerei-worpswede.de

Sonstiges

(1) Diedrichshof, Ostendorfer Straße 27; Tel. 04792/9 33 10; www.diedrichshof.de
(3) Töpfer-Galerie Bockstaller, Bergstraße 9; Tel. 04792/75 07
(6) Worpsweder Windmühle, An der Mühle; Tel. 04792/12 77
(4) Zionskirche, Gemeindebüro, An der Kirche 5; Tel. 04792/9 63 35

Bildnachweise

Alle Fotografien und Reproduktionen
Gabi Anna Müller
ausgenommen die Fotografien S. 20, S. 34 (oben), S. 46 (oben), 71, 76, 82, 83, 103 (links oben), 118, 119: Jürgen Teumer
sowie S. 46 (unten): Archiv Worpsweder Verlag, Lilienthal

Historische Fotografien
S.8: Ortsarchiv, Worpswede
S.10: Archiv Müller-Brauel, Zeven
S.18: Archiv Böttcherstraße, Bremen
S.27: Worpsweder Archiv, Worpswede
S.28: Worpsweder Archiv, Worpswede
S.30: Worpsweder Archiv, Worpswede
S.32: Archiv Böttcherstraße, Bremen
S.36: Archiv Paula Modersohn-Becker-Stiftung, Bremen
S.38: Archiv Böttcherstraße, Bremen
S.39: Archiv Müller-Brauel, Zeven
S.43: Archiv Worpsweder Verlag, Lilienthal
S.47: Archiv Böttcherstraße, Bremen
S.50: Ortsarchiv, Worpswede
S.53: Archiv Atelier im Bauernhaus, Fischerhude
S.68: Ortsarchiv, Worpswede
S.69: Hans Saebens, Focke-Museum, Bremen
S.79: Ortsarchiv, Worpswede
S.86: Archiv Paula Modersohn-Becker-Stiftung, Bremen
S.101: Rudolf Dodenhoff, Kreisarchiv Osterholz
S.102: Archiv Paula Modersohn-Becker-Stiftung, Bremen
S.113: Ortsarchiv, Worpswede
S.114: Ortsarchiv, Worpswede
S.120: Rudolf Dodenhoff, Kreisarchiv Osterholz
S.124: Archiv Worpsweder Verlag, Lilienthal
S.126 (links): Archiv Worpsweder Verlag, Lilienthal

S.126 (rechts): Worpsweder Archiv, Worpswede
S.128: Hans Saebens, Focke-Museum, Bremen
S.149: Ortsarchiv, Worpswede
S.150: Ortsarchiv, Worpswede
S.153: Ortsarchiv, Worpswede

Gemälde und Zeichnungen
S.7: Worpsweder Archiv, Worpswede
S.11: Worpsweder Archiv, Worpswede
S.29: Zentrales Revolutionsmuseum, Moskau
S.30: Landesmuseum für Kunst und Kulturgeschichte, Oldenburg; Dauerleihgabe an die Barkenhoff-Stiftung, Worpswede
S.43: Privatbesitz
S.74: Fritz Uphoff Erben
S.75: Hamburger Kunsthalle
S.85: Museum am Modersohnhaus, Worpswede
S.90: Waldemar Koch Stiftung, Bremen; Niedersächsische Sparkassenstiftung, Hannover; Dauerleihgabe an die Heinrich Vogeler-Stiftung, Haus im Schluh, Worpswede
S.113: Worpsweder Archiv, Worpswede
S.116: Kirchengemeinde, Worpswede
S.121: Historisches Museum Am Hohen Ufer, Hannover
S.125: Archiv Worpsweder Verlag, Lilienthal

Kartenausschnitte
Vervielfältigt mit Erlaubnis der Behörde für Geoinformation, Landesentwicklung und Liegenschaften Otterndorf – Katasteramt Osterholz-Scharmbeck

Die Deutsche Nationalbibliothek verzeichnet diese Publikation in der Deutschen Nationalbibliografie; detaillierte bibliografische Daten sind im Internet über http://dnb.dnb.de abrufbar.

www.schuenemann-buchverlag.de

Text: Prof. Dr. Jürgen Teumer
Fotos: Gabi Anna Müller

Überarbeitete Neuausgabe 2023
Printed in EU 2023 | ISBN 978-3-7961-1185-3